小小智慧，瞰人生

褚宗堯 博士——著

生命本無常　生活亦多變

甘苦成敗　浮沉　是人生

認清主人本是我　當自覺

接納肯定修自己　盡本分

歷事磨人練心　方成大器

無懼挫折　不倒翁終再起

由古鑑今　談笑間鳥瞰人生

小小智慧　皆從自我管理起

自序：小小智慧，瞰人生

民國八十八年（一九九九）五月，我應高寶國際集團之邀，出版了《一天多一點智慧》一書，當時頗受好評。時光易逝，如今，已事隔二十六年之久。

當然，這本書早已絕版，市面無法買到。而我手邊自留的，也所剩無幾。前些日子，一些學生輩和至親好友向我表達，這本書對時下年輕人的為人處世甚有幫助，希望我能夠讓這本書重新再版！

幾經思考後，我決定認真設想這件事的可行性。原因是，我一向重視讀者們的需求。事實上，讀者們願意看你的作品，你也才有寫作的動機與存在價值。

為此，我必須慎重其事。因為，回想當年我寫這本書時，正值青壯年，無論在人生觀、世間價值、處事原則等方面，就見解、經驗、圓熟度而言，皆與已屆高齡的我不可同年而語。

因此，我若應允此事，就必須調整既有的心態、觀念，與論點。而這樣的調整工程，困難度頗高。易言之，重新創作，可能比改寫它，來得容易！問題是，我又不能辜負前述那些人原本的期望。因此，這似乎是件兩難的事！

在顧及多方期待與折衷考量後，我決定以前一本書作為基本素材，重新改寫內容，而且增刪幅度頗大。除了考慮年代、大環境的相關因素變遷，更重要的是，加入了許多我個人在這些年來歷事練心下，所累積、沉澱的諸多經驗與心得。

必須強調的是，許多珍貴心得，其實是受惠於我那偉大母親褚林貴女士的薰陶和教誨。從小到大，我的慈母透過言傳與身教，有時耳提面命，有時醍醐灌頂，讓我受益良多。若非耳濡目染母親待人處事大慈、大悲與大智的榜樣，我恐怕很難單憑自己，萌生出如是多智慧種子！

這些經驗與心得，雖不敢言有多大貢獻，但深信多少能裨益時下年輕人，激勵他們更有勇氣及智慧，去面對與挑戰這無常的生命與多變的生活！

易言之，本書旨在提供一些小智慧，鑑古知今，高瞻遠矚，笑談鳥瞰這無常多變的人生，期許能找到一些可行的脫困之道。是故，此書命名為《小小智慧，瞰人生》（歸類於「慧心智語系列」，序號—慧心智語01）。

全書共計三十七篇小小智慧，依五種不同維度來鳥瞰人生，包括《修心養性篇》、《處事勵行篇》、《豁達應世篇》、《師法古哲篇》，及《內省出世篇》等五個篇什。其中：《修心養性篇》包括〈放緩腳步，細讀人生〉、〈生命的主人是自己〉、〈認清、接納、肯定、實現自己〉、〈同唱人生三部曲〉、〈咖啡人生的啟示〉、〈從電影看人生〉、〈小天地也可放大空間〉、〈園不在大，有心則美〉、〈且學人老心不老〉等九篇。

《處事勵行篇》包括〈事磨人，方成大器〉、〈勵行點點滴滴求其是〉、〈善用時間管理〉、〈取之有道、有度〉、〈孰重？一個今天，兩個明天〉、〈別因強出頭起煩惱〉、〈勇於面對挫折〉、〈不倒翁的省思〉等八篇。

《豁達應世篇》包括〈曠達的人生觀〉、〈學會轉境功夫〉、〈原諒自己的智慧〉、〈其實雲上有青天〉、〈重拾初心——世事堪玩味〉、〈學習活在當下〉、〈偷閒行樂去〉等七篇。

《師法古哲篇》包括〈感謝生命中的上師〉、〈師法東坡大師〉、〈且學東坡的三好〉、〈切莫淪為物奴或物狂〉、〈何妨順天意、歸本性〉、〈明朝散髮弄扁舟〉等六篇。

《內省出世篇》包括〈諸法無我，諸行無常〉、〈相信人生的甘苦浮沉〉、〈得之與不得皆因緣〉、〈後腳放，前腳才能行〉、〈遺忘的不思義功效〉、〈學習面對孤獨〉、〈簡樸、輕鬆過生活〉等七篇。

綜觀這三十七篇生活上的小小智慧，除了論情說理外，同時也穿插了一些小故事，都是發生在我個人或周遭的實際案例。透過這些實例，或可幫助年輕朋友們破除迷茫，找到適合自己的方法或借鏡，勇敢地面對人生的逆境和種種挑戰。

此外，為了讓文章主題與內容一氣呵成，每一篇散文盡量言簡意賅，字數約略在一千三百字上下，期能讓讀者們更容易閱讀並產生共鳴。

值得一提的是，每一篇文末，我都附上節選的一則或兩則古聖先賢、中外哲人，或相關典籍的箴言。這些箴言皆與該篇文章內容相關，但我並未做進一步的詮釋。主要用意是，希望留給讀者們空間，深刻地靜心思考，然後善用在自己身上。

總之，本書的另一宗旨，在於強調生命雖無常，生活雖多變，但，卻有相當程度是可以管理的——如果你有心，也有方法的話。換言之，在面對人生的無常與多變時，「自我管理」是必要的，也是可行的！

《小小智慧，瞰人生》這本書能夠順利出版，衷心感謝褚林貴教育基金會的贊助發行，與朱淑芬董事在基金會行政事務上的協助，以及榮譽董事楊東瑾顧問與林若昕小姐，他們對基金會官網與facebook、instagram的熱心推展與奉獻。

此外，也要感謝好友蔣德明先生、褚惠玲顧問，以及諸多善心人士，他們對基金會多年來的護持與慷慨捐贈，讓基金會核心業務的推廣，以及社會教育相關書籍的出版，都能夠順利地推行與持續發展。

最後，我摯摯誠誠地把這本書，呈獻給內人郭照瑩女士與女兒彥希、兒子彥廷暨她（他）們的家人。

同時，謹以本書來紀念我已先逝的父親褚彭鎮先生（聽母親說，我的文思與才藝，泰半承傳自他老人家），與我一生的智慧導師、永遠的慈母——褚林貴女士（母親雖於百歲嵩壽辭世，但，她老人家的法身始終護持著我、與我同行）。

褚宗堯

民國一百一十四年　夏

序於　風城新竹

附記

書中每篇文末箴言所引介的古聖先賢、中外哲人、典籍包括（依先後次序）：蘇東坡、無門和尚、《六祖壇經》、六祖惠能、佛陀、劉禹錫、《禮記‧學記》、《三字經》、順治皇帝福臨、弘一大師李叔同、拿破崙、程顥、李白、楊慎、《金剛經》、韓愈、林語堂、賈似道、《古詩十九首》、龍樹菩薩、徐志摩、莎士比亞、證嚴法師、黃霑。

目次
Contents

自序：小小智慧，瞰人生　5

一、修心養性篇

1、放緩腳步，細讀人生　16
2、生命的主人是自己　20
3、認清、接納、肯定、實現自己　24
4、同唱人生三部曲　27
5、咖啡人生的啟示　31
6、從電影看人生　34
7、小天地也可放大空間　37
8、園不在大，有心則美　41
9、且學人老心不老　44

二、處事勵行篇

1、事磨人，方成大器 48
2、勵行點點滴滴求其是 52
3、善用時間管理 56
4、取之有道、有度 59
5、孰重？一個今天，兩個明天 63
6、別因強出頭起煩惱 67
7、勇於面對挫折 70
8、不倒翁的省思 74

三、豁達應世篇

1、曠達的人生觀 80
2、學會轉境功夫 84
3、原諒自己的智慧 87
4、其實雲上有青天 91

5、重拾初心——世事堪玩味　94
6、學習活在當下　98
7、偷閒行樂去　101

四、師法古哲篇

1、感謝生命中的上師　106
2、師法東坡大師　109
3、且學東坡的三好　113
4、切莫淪為物奴或物狂　117
5、何妨順天意、歸本性　121
6、明朝散髮弄扁舟　125

五、內省出世篇

1、諸法無我，諸行無常　130
2、相信人生的甘苦浮沉　134
3、得之與不得皆因緣　138

4、後腳放，前腳才能行 142
5、遺忘的不思義功效 145
6、學習面對孤獨 149
7、簡樸、輕鬆過生活 153

附錄

附錄一、作者簡介及相關著作 158
附錄二、褚林貴教育基金會簡介 162
附錄三、褚林貴教育基金會出版書籍 167

一、修心養性篇

1、放緩腳步，細讀人生
2、生命的主人是自己
3、認清、接納、肯定、實現自己
4、同唱人生三部曲
5、咖啡人生的啟示
6、從電影看人生
7、小天地也可放大空間
8、園不在大，有心則美
9、且學人老心不老

1、放緩腳步，細讀人生

多年前一個悠然寧靜、風清氣爽的清晨，我在住家附近的十八尖山腳下散步，偶然巧遇一位多年不見的親戚。

他停好機車，正準備往山上去。我禮貌性地上前與他寒暄，並問他，為何不把機車停在上面的停車場？他不急不徐地回答我：「我想慢慢走，讓自己更接近大自然，也可藉機思索一下日常生活點滴。」

當下，我並沒有仔細留意他的話。可是，走上一小段山路後，腦際突然感到一股清涼。從來，也不曾注意到，山上的早晨會是如此安詳與幽靜。其實，彼處斯情，它原本如此，只是自己不曾在意罷了！

不過，坦白說，今晨此刻的氣氛，讓我第一次感受到，自己是如此真實地存在著。因為，我似乎覺察，那既相識又陌生的「真」，此刻在我心坎浮現。

隨後，我走進一片林蔭中。枝頭上幾隻不知名的野鳥，啁啾著歡快悅耳的鳥語，令人有股莫名的祥和、溫馨之感。頓時，「善」的氛圍深深烙印在我的心頭。

突然，一隻麻雀翔空而去，我的視線隨之飄向遠處青山。只覺，眼前盡是綠意盎然，以及上方一望無垠的蒼穹，萬里是藍。頓時，這平常我並不很留意的大自然之「美」，駐留在我腦際，內心真有說不出的欣慰！

我不自覺地深呼吸，沒想到，只是幾絲清新空氣，也可以是一種享受。說實話，這是第一次吧？我的心靈能夠感到如此充實！

我生於斯土，長於斯土。萬萬沒想到，在這個平凡如常的清晨，竟然能夠同時受到「真」、「善」與「美」的洗禮。真的，我們是否該緩慢一下自己生活的腳步呢？

此刻不禁令我想起一代大師蘇東坡，對人生態度的樂觀與曠達。

他是一位相當懂得寄情山水的人，總認為，人是可以假借山水之美，來寄寓自己的感情，並從而獲得慰藉的。諸如山間明月、江上清風，都是可資借用的自然美景。更難得的是，它們取之不盡，用之不竭。

然而，人們總是盲目地捨近求遠，殊不知人間瑰寶，其實就在自己身旁，卻渾然不覺。今天的清晨漫步感言，不就讓我體會並印證到東坡大師的絕妙哲理嗎？

是誰說的？「智慧源自生活中的淬煉，而且，與天地自然之間息息相關。」的確，「不經一事，不長一智」，即是前半句的意思。然而，後半句的涵義，其實更加深遠。

它隱喻著：智慧不同於知識，它還需要有慧根，需要靈光一現的剎那機緣。甚至，智慧的獲得也有賴於「悟」的功夫。而「悟」的背後哲理，更是與天地自然之間，有著妙不可言、難以參透的關聯性。

也難怪，我們深感同意孔子所說的話，子曰：「仁者樂山，智者樂水。」顯然，天下仁者與智者，皆樂與山水接近。因為，他們深知這山水之情，非僅止於讓人賞玩自然之美；實則，背後更深藏著無盡的人生禪機。

至於，誰能有此禪機悟得智慧，除了靠天賦秉性之外，更重要者，有賴於個人的精進修為了。我自認平庸，缺乏慧根，因此，只能靠後天努力，勤加鍛鍊了。誠如前述，若能在生活中隨緣淬煉，並盡量親近大自然，或有可為。既有志於陶養性靈，那麼緩一緩自己的生活步調，實為必要的起步！

想想，遇事如果急躁，只求速成，當然無法看清人、事、物的本質；尤其，容易把假象視為真相。

反之，若能將腳步放緩，盡量細讀日常待人處事的每一片斷，則較有機會覺察如實的真相，而成就一個更為圓熟的生活，與有大智慧的生命。

且夫天地之間，物各有主。苟非吾之所有，雖一毫而莫取。惟江上之清風，與山間之明月，耳得之而為聲，目遇之而成色。取之無禁，用之不竭。是造物者之無盡藏也，而吾與子之所共適。

——蘇東坡〈前赤壁賦〉

2、生命的主人是自己

每個人如果靜靜回憶自己這一生，會發現，總難免有一些負擔和不幸。但，若再仔細想想，其實卻也不乏一些歡喜的時光。

換言之，生命中或許不免有悲苦惆悵，但苦中也可作樂。而想要苦中作樂，則「隨遇而安」與「善待自己」，更是不可或缺的竅門。

宋代禪僧無門慧開和尚（一一八三—一二六〇）說得好：「春有百花秋有月，夏有涼風冬有雪；若無閒事掛心頭，便是人間好時節。」所謂「平常即是道」也。

我們面對這無常的人生與多變的生活，更應該以這樣的心態對待。

其實，人生旅程就好比一年四季，總有春、夏、秋、冬之交替。而每一個人，除了要懂得欣賞「春花秋月」之美外，也該感恩「夏涼冬雪」的時刻。

如果，我們能夠接納自己生命中的每一個時刻都有它階段性的意義，同時也肯定生活中每一個片斷都有它的情趣，那麼，你我的生命必定是無時不覺得快樂美好！而生活又何嘗會感到悲苦寂寥呢？

我想，這便是一種「隨遇而安」的人生態度。事實上，這更是一種「善待自己」的人生哲學呢！

那麼，該如何隨遇而安並善待自己呢？盡量往「樂觀」與「曠達」處觀想，便是很重要的第一步。

而想要培養這樣豁達的人生態度，就必須時刻提醒自己：我們所生活的世界，永遠有它美麗的一面。更重要的，必須經常鼓勵自己：當面對這世界的美好時，記得「善待自己」。

的確，我們總是太忙，忙到忘了去關注周遭世界美麗的一面。再者，我們也往往太過理性，以致忘了感性地去認識生命的本質。

曾幾何時，我們的生活中少了歡樂，臉上沒了笑容。除了工作還是工作，佔滿我們整個心靈空間的，竟然是忙碌工作所帶來的疲憊和茫然。

這難道就是我們的人生？不幸的是，在我們周遭的親朋好友中，其實有不少人的人生都是這樣的！

誠然，人生是可以不必這樣的。這點，「禪」給了我們相當的啟示與開導。

它不僅教我們必須接納生命的無常，同時，也肯定生活的多變。而想要學會接納生命的無常，最簡易有效的方法就是，凡事以「平常心」對待。那麼，又該如何以平常心去面對，生命的無常與生活的多變呢？

一代哲人東坡大師告訴我們，人要盡量學著「超然物外」。也就是說，一個人唯有能夠擺脫外物的奴役，充分主宰自己，方足以保持心靈的恬靜和快樂。

換言之，要盡量做到不為外界情境所影響；甚至，能夠轉化外界情境對我們的影響。當然，這並非一件容易達致的修持與涵養。

不過，更具體地說，其實就是「內求」的功夫——一切「反求諸己」的人生哲學。亦即，凡事不假外求，而盡量去「內省」與「內尋」。

這其實也印證了東坡的理念：「對外要順應天意，不要和老天過不去；對內要依歸本性，不要和自己過不去。」而想要如此，首要之務，先學會做自己的主人。

過去，傳統禮教總是告訴我們，做人就是要學習成為父母心目中的好孩子、孩子心目中的好父母、先生心目中的好妻子、妻子心目中的好先生，或是主管心目中的好部屬、部屬心目中的好主管，以及，兄姊心目中的好弟妹、弟妹心目中的好兄姊……。

試問：我們自己究竟在哪裡？

不錯，別人心目中的你，可以盡量去做；但，切勿忘了，也該不時做做自己心目中的你！想想，生活中若沒有了自己，生命也就失去了不少意義。

畢竟，這生命的主人還是你自己！

春有百花秋有月，夏有涼風冬有雪；若無閒事掛心頭，便是人間好時節。

——無門和尚

3、認清、接納、肯定、實現自己

雖然，人的資質難免有智愚敏鈍之分，各自命運也有貧富貴賤之別，但，每一個生命個體其實都是獨一無二的。亦即，每個人都有自己的生命特質與價值，而且，是他人所無法取代的。

也許，你可能特別與眾不同，或是極其平凡無奇，但，就生命的展現而言，其實差異有限，好比百花齊放，各自芬芳。雖然特質各有不同，但生命本質是相同的——善度此生，找出自己生命的意義。

說得更白話一點，也就是——活出自己的生命來。

然而，沒有人能告訴你，應該如何活出自己的生命來。你的父母不會，師長不會，你的手足與朋友也不會。事實上，這個問題的答案也唯有靠自己摸索了！

因為，在生命歷程中，雖不免存在著一些不可控制的變數，但，許多行為的發展與後果，往往也因個人努力程度不同，而有顯著的差異。坦言之，所謂「兄弟登山，各自努力」，你不努力，誰也給不了你想要的生活。同樣地，要想活出自己的生命來，無法依靠他人，只有憑藉自己去摸索和奮鬥。

那麼，究竟該如何活出自己的生命來呢？

我以為下列四個方式可做參考：那就是認清自己、接納自己、肯定自己，以及實現自己。然後依序實踐之。

首先，談談「認清自己」。先要清楚自己的生命特質，包括知道你自己有哪些優點和缺點。常言道：「人貴有自知之明。」又說：「人之不自知，猶如目不見睫。」可見，認清自己有多麼不容易。既然你很難或無法認清自己，那麼，就請周遭親近的人來幫忙吧！無論是父母、兄弟姊妹，或是朋友、同事，都是很好的諮詢對象，可請他們對你提出中肯的批判。

其次，要完全地「接納自己」。除了欣然地接納自己的優點外，更要坦然接納自己的所有缺點。尤其，對這些缺點，切勿用駝鳥心態去面對，反而要以平常心去包容。因為人生來都不完美，這世上，應該是找不到一個完全沒有缺點的人。

再者，要「肯定自己」的優點。或許，我們會發現，自己有一籮筐的缺點，但，千萬別洩氣，因為，世上也應該找不到一個完全沒有優點的人。因此，首要之務，即是認清、接納，並肯定自己的優點——哪怕真的只有一個優點。尤為重要者，要刻意去肯定它。因為，倘若連自己都不能肯定，又有誰會認同你呢？

最後，更要積極地「實現自己」所擁有的優點。一個人即使擁有再多優點，卻自縛於「消極、被動」的缺點而裹足不前，那麼，這些優點也是無用武之地。相對地，一個雖有多項缺點，卻有著「積極、主動」優點的人，反而比前者更容易展現其生命價值，因為他幹勁沖天，當仁不讓。

龜兔賽跑的故事，大家都耳熟能詳。烏龜即是以牠難得的優點，攻克了兔子的致敗缺點。而相對地，兔子便是以牠致敗缺點，輸給了烏龜的難得優點。理由何在?烏龜務實地展現牠的優點，但，兔子卻不然。

這個小故事雖簡單，但，你若能真正體悟，必然也會同意「天生我才必有用」的真諦。同時，也會滿心喜悅地從認清自己、接納自己，到肯定自己，並實現自己，進而真正地活出自己的生命來。

這樣的人生，不見得要多有成就，但，必然是深具意義的。

不識本心，學法無益。若識自本心，見自本性，即名丈夫、天人師、佛。

——《六祖壇經・行由品第一》

4、同唱人生三部曲

退休前，我在大學教書，當時的學生中也有推廣教育學程的學員，他們都是社會人士，都曾經體驗與歷練過，生命中的理想與現實。

不少學員都有這種感觸，當步入中年時，突然有些混亂迷茫，質疑著：未來的路該怎麼走？人生的目的究竟是什麼？怎樣的人生才是有意義的？

這些問題既實在又重要，但，年輕時，似乎很少會想到，或雖一時想到，卻又瞬間拋諸腦後。等到這些問題再度浮現腦際時，詎料已是中年之身，來到人生的另一個轉折點。

學生上課時，偶爾會請教我這些問題，我總是非常樂意與他們分享我的觀點與經驗。事實上，透過他們不同經驗的回饋，也有助於修正我原來所抱持的想法。

我告訴他們，如果把人生當作一首歌來唱的話，那麼，至少要三部合唱。

也就是把人生大致區分為：「工作」、「家庭」、與「自我」三大方面。對於這三者，必須同時並重而不可偏廢。

我們不難發現，社會上有不少「工作狂」，他們生活的重心只在工作，好像活著的目的就為了工作，生活天秤嚴重傾斜，「家庭和自我」的位置被降到了最低點，真是令人為他們的不夠理智感到惋惜！

甚至，有些人還以此為榮，認為自己的抱負高人一等，總以為這才是有意義的人生。這種人，其實丟失了極其寶貴的東西而不自知，令人悲憫！

另一種人則務實又平衡，他們雖然在工作上盡忠職守，卻沒忘了把一份心思放在家庭上。至少，他們清楚認知到，家庭成員是自己生活中值得重視的一部分。同時，也會珍惜家庭中每一分子，都是他們生命中的難得因緣。

以己為例，我總認為婚姻關係是必須經營的。夫妻間的感情就像栽種植物，需要用心照料，適時地施肥、澆水、翻盆和修剪，才能枝葉繁茂，開花結果。因此，當年我常維持著定期約會的習慣——每週與妻一次午餐約會。沒有外人，兩人愉悅地共進午餐，一邊喝咖啡、吃甜點，一邊聊天、談心。長期下來，的確有助於夫妻感情的維持與增進。

此外，我也經常利用寒暑假，與妻攜兒帶女闔家出國旅遊。相信嗎？我的一對兒女在上大學之前，已走過不少國家。其實我是個省吃儉用的人，但，這樣的錢我是捨得花的。因為，藉此我得以享受到無比珍貴的天倫溫馨。誠然，以我過來人的經驗而論，這樣做絕對值得！

當然，一個人能夠兼顧工作與家庭，已屬難能可貴了。但，我仍必須強調，這還是不夠！因為，生活中若沒有了「自我」，生命的意義也就失色許多。

其實，年輕時的我也並不怎麼體會自我的真諦。但，年歲稍長，才逐漸領悟自我的必然性與必要性。

想想：出生時，我們是一個人呱呱落地；往生時，也會是一個人寂然離去。所謂：「赤條條地來，赤條條地去。」雖然，在世時身邊不乏有人陪伴，但，每個人的生命始終是自己的，無人能代替你活。亦即，沒有人可以為你生、為你老、為你病、為你死。

若然，你的生活天秤中怎可缺少自己的份量與位置呢？

因此，我開始注意養生，經常靜坐調息、爬山、慢跑；我開始學習養性，涉獵老莊禪佛思想；也開始培養情趣，待己更寬厚些，不再像以前那麼地跟自己過不去。

沒想到，生活中添加了些許自我的色彩之後，人生竟然感到更具意義。

這就是人生的三部曲，無論是工作、家庭或自我，你無法偏廢任何一部，而必須三部同唱。只是，在人生的不同時期，它們各自有其不同的角色與階段性意義。

因此，每個人在少年、青年、中年、壯年及老年等不同階段，個人對於工作、家庭及自我三部曲，也許更偏重某一部，或為之付出的時間與心力更多，從其中得到的回報自然也會有所不同。此時，便是拿捏的問題。當然，後續決定如何，也因個人價值觀與智慧不同而異。

人生的三部曲，無論是工作、家庭或自我，你無法偏廢任何一部，而必須三部同唱。

——城佬《慧心智語》

5、咖啡人生的啟示

個性上，我不是個追求時尚的人，但，若問我會以咖啡或茶作為飲料，我會選擇咖啡。雖然，我也知道茶對身體有很多好處，但，或許是我不太懂得品茶，因而，喝咖啡的機會還是相對多於喝茶。

事實上，我在家裡有個小吧檯，備有整套沖煮咖啡的器具和咖啡杯。我會選購咖啡豆並自己研磨；甚至，我有調煮「卡布季諾」（Cappucino）的專用器具。此外，我也蒐集自己喜歡的咖啡專書，並典藏不同款式的咖啡杯。

我常會在不同心情下，選用不一樣的咖啡杯，也別有一番情趣。

猶記得，我是在踏入社會後才開始喝咖啡的。而真正把咖啡當成嗜好，則是在多年前從歐洲旅遊回來後養成的。

回想當年，在義大利的翡冷翠（Florence，即佛羅倫斯）市政廳廣場前，我與妻找了一家古色古香的咖啡屋，坐在戶外露天咖啡座上——遮陽篷、小圓桌、碎花布桌巾，還有硬背椅，各自點了一杯「Espresso」（濃縮咖啡），外加一客義大利冰淇淋。

我們倆一面啜飲著道地的義大利咖啡，一面享受著南歐和煦的陽光，一面欣賞著歐洲人的悠閒、慢活。頓時，一絲絲歐式的浪漫情懷油然而生。自此以後，我深深地愛上喝咖啡的那種情調與氛圍。

常言說：「醉翁之意不在酒。」我倒也認為：歐洲人喝咖啡之意也不在咖啡，而是在於那一份「悠閒」。

經常可見他們或三兩好友，或獨自一人，坐在街旁的小咖啡座上，點一杯自己喜好的咖啡，可以悠閒地喝上一個下午。即使是瞇著眼或半睡半醒地，觀賞一來一往的路人，他們也深覺是一種享受。

尤其是下午茶的時刻，到處瀰漫著咖啡的香味。這時，你更可體悟到，什麼才是「慢活」？什麼才是「真正的生活」？事實上，在「咖啡」與「悠閒」之間，我早已將它們畫上了等號。

回想年輕時，我的工作可謂極其忙碌，但，我頗懂得如何適當地調整。除了每週定期運動之外，我也把「喝咖啡」當成一件正式而必要的休閒活動。

每當覺得累了或需要放鬆時，我會拿出相關器具，一面放著喜愛的音樂，一面研磨咖啡豆；沖煮期間，一面聞著陣陣啡香，一面輕鬆自在地思索；咖啡沖煮好了，便輕鬆自在地坐下來，一面品嘗，一面陶醉在無人的小小世界裡——把所有的人都關在我心靈空間之外。

當下，我悠悠哉哉地享受著獨處的時光，何其寫意？又何其快哉！當然，我不時也會與妻共處兩人世界，一起陶醉在輕柔音樂與咖啡香氣交織的浪漫氛圍中。

坦白說，我的咖啡手藝已有相當水準。引以為自豪的是，妻除了我沖調的咖啡外，還不肯輕易品嘗他人的咖啡呢！這更添加了我相當的信心。

如是悠閒自適，正是我想追尋的生活方式之一。可不是？漫漫人生，既憂多樂少，又無常多變，何苦讓自己陷入無謂的囿限？倒不如，為自己尋找一些能放下牽絆的空間，從中享受輕安自在，生命的旅程中也不至於那麼拘泥和單調。

本文的「咖啡人生」，只是借鏡的方式之一。其實，除了咖啡外，還有太多其他方式可以著力。重要的是，你有沒有這樣的認知，與心態。如果有，那麼，我鼓勵你馬上身體力行。因為，我們的人生，是需要靠自己一點一滴地努力經營的。

細雨斜風作曉寒，淡煙疏柳媚晴灘。入淮清洛漸漫漫。雪沫乳花浮午盞，蓼茸蒿筍試春盤。人間有味是清歡。

——蘇東坡〈浣溪沙・細雨斜風作曉寒〉

6、從電影看人生

年輕時，我也喜歡看電影。雖然沒有太多時間可以耗費其中，但，只要有好的電影，還是會盡量撥空去欣賞。

因為，往往從電影的主題與劇情中，可以獲致不少意外的覺醒與體悟，而這些，卻不是在日常生活中可以輕易得到的。

如果，能靜下心來觀察，並適度加以開展的話，往往會發現，我們每個人的一生，其實是可由多種不同電影劇本改編完成。而持著這樣的角度來看人生，我稱之為「電影人生」。

我雖非影評專家，但，自有我個人偏好去評價一部電影的好壞。我以為，一部電影終究必須獲得多數觀眾的好評，方足以稱之為好電影。當然，這又涉及觀眾之個別品味的問題了。

故而，不同類型的電影會產生「叫座不叫好」或「叫好不叫座」的兩極現象，原因也在此。顯然，要判定一部電影的好壞，似乎也不是那麼單純與容易。事實上，它經常是見仁見智的主觀看法。

依我之見，想成就一部有品味的好電影，必須同時兼顧編劇、導演、演員，以及觀眾等四個不同角度的立場。換言之，唯有對這四個立場無所偏廢，方才有機會創作一部不朽的巨片。

相信不少人有此經驗，經常在觀賞完一部電影或電視劇時，會忍不住批評：「這劇情既不合情又不合理！」「導演的腦筋是否有問題？」「男主角怎會如此演呢？」「觀眾真可憐，老是被當作傻瓜耍！」

顯然，無論是哪一個環節發生問題，這樣的電影或電視劇必定成不了氣候！所以，任何好的作品，除了要有好編劇外，還得有好的導演與優秀演員來共同完成。當然，最重要的，必須考量觀眾的品味，以滿足他們的訴求為主。

人生亦是如此，既然人生也可類比為，一部集多種不同劇本改編完成的的電影，那麼，在放映長度有限的人生裡，每個人定然希望能夠完成一部自己滿意的電影。毋庸置疑，在這部電影裡，第一主角就是你自己了！

然而，即使你是一位好演員，也需要有一個好劇本以及一位傑出的導演來配合。

但，在人生之旅中，似乎沒人會為你編寫劇本。易言之，你必須自己寫；也沒人會導引你，你必須自導自演。

亦即，在《人生》這部影片裡的角色，你既是「自編」、「自導」，又是「自演」。當然，更別忘了你還得是「自觀」——也就是扮演「觀眾」的角色。

不幸地，大多數人都只自我囿限在「演員」的角色，而無暇兼顧其他角色。究其緣由，或因從未知曉該如此做，也或許由於能力無法勝任。

倘使，我們能夠為自己編寫一個合適的劇本，同時，自許為一個優秀的導演，相信，這「人生」之戲，定然會演得更為有聲有色。

當然，更別忘了，也須站在有品味的觀眾席上。因為，觀眾們才是真正擁有選票的人，是評價一部電影好壞的最後決定者。

即使人生如戲，如果社會上的每個人，在演自己的人生之戲時，都能夠針對編劇、導演、演員，以及觀眾等四方面訴求，同時善加考量與兼顧，相信，這個大社會人生，將會較有可能邁向一個真善美的世間，則為整體人類之福！

即使人生如戲，在演自己的人生之戲時，都要針對編劇、導演、演員，以及觀眾等四方面訴求，同時善加考量與兼顧。

——城佬《慧心智語》

7、小天地也可放大空間

想想，現代人的空間是愈來愈狹窄了。無論是生活的實體空間，或是人際互動的社交空間，相對於過去，所受的限制是愈來愈大。

怎麼說呢？當然，人口眾多，都市化程度也不斷加速，因此，每個人分享的實體空間日益減少，此乃必然現象。再者，時下社會功利主義瀰漫，每個人都披著一層保護自我的外衣，人際間的社交空間，自然也相對侷限了許多。

而無論是實體空間或社交空間的窄化，對整個社會都造成了負面影響。輕則人情淡薄冷酷，重則為了滿足個人私慾，對他人侵權甚或攻訐事件屢見不鮮。眼見世道日衰如此，實在非社會之福。

其實，我們對空間的拓展，不一定要訴諸外求才能滿足；反而，透過內求的方式，擴展的空間更具彈性——我稱之為「心靈空間」的追尋。

怎麼做呢？茲以清晨靜坐為例。坐在一個小小的蒲團上，雖然空間有限，但透過靜思、冥想，可以想像的空間其實很大。這時候，周遭的人、事、物都被你關在外面，在當下，你所感受到的時間與空間，就相對顯得恆久與寬廣。

斯時此境，雖然只是一個小小天地，但，你其實擁有無限的想像空間，徜徉在相對無限的時空裡。當然，學會如何觀想，是很重要的課題。

話雖如此，但，靜坐的修持並非每個人都能夠輕易做到的。這點，我另有一個經驗，可以和大家分享。

我的住家在大廈的八樓，陽台有一個約兩坪大的小花園，面積雖小，但在都市裡已是相當難能可貴的了。我和妻非常珍惜它，種植了一些體積較為袖珍的花木。但，始終受限於空間，無法放大規模。

有一次，我突發奇想：把花園裡的一棵榕樹盆景端進客廳，放在一張板凳上。然後，我躺在地板的草蓆上，抬眼凝視著這棵榕樹，頓時，原本嬌巧矮小的小榕樹，視覺上竟然幻化成了高聳的大榕樹。

自此以後，我經常如法炮製，偶爾換換別的盆栽，技巧也愈加純熟。沒想到，對於心胸的開拓，竟然有著意想不到的效果呢！我想：這應該是「小小天地大空間」的一個可做借鏡的經驗吧！

對於諸如此類的努力，我向來是不遺餘力的。因為，我總認為，生活的自在與否，是必須藉自己花心思去追尋的。關於此點，我可以再拿一個經驗與大家分享。

一直以來，我有品嘗咖啡的嗜好，當然，即溶咖啡通常是不太喝的。因此，我很清楚周遭有哪幾家品味不錯的咖啡屋，而且是那些店的常客。至於，該如何選擇咖啡屋呢？我認為，咖啡品質是必要條件，而氣氛雅致與浪漫的環境，更是充分條件。

平常，我喜歡獨自躲進個人偏愛的咖啡屋，坐在常坐的老位子，點一杯品味熟悉的咖啡，在柔和的檯燈前，或思考或寫作，或閱讀雜誌小品。

雖然桌旁也有其他顧客，但，沒有人會打擾你，大家渾然陶醉在自己暫時擁有的小小天地裡——只不過是兩尺見方的碎花布小方桌。然而，那種閒情與逸致，可不是你在自家裡喝咖啡，就能輕易感受到的呢！

朋友們，「小小天地大空間」其實並不難求，但看你是否有心發現與開創！

其實，即便是一個小小的坐蒲、一盆小小的盆景，或是一席小小的咖啡座，都可幫你打開眼界、開拓胸懷，讓你的生活更加寫意，生命更為曠達、宏放！

心生則種種法生，心滅則種種法滅。

——佛陀法語《楞伽經》

若人欲了知，三世一切佛，應觀法界性，一切唯心造。

——佛陀法語《華嚴經》

8、園不在大，有心則美

我喜歡在居家的周遭，能有些花草植物的點綴。這樣的偏好，來自於昔年住在食品路老家時，母親與妻對環境布置的想法。

當時，妻突然發起雅興，準備將後院左方約兩坪大的小空間，規劃成一個小花園。我沒吭聲，這麼芝麻點大的地方，能有什麼建樹？其實，這構想之前早已提過，卻始終不見任何動靜。沒想到，這回她是玩真的。一連好幾天，她進進出出，又是買花架、盆景、花苗、吊勾、肥料、澆灌器具等，又是向學校有經驗的同事，請益園藝相關知識，忙得不亦樂乎。同事見她興致濃濃，索性送她幾盆已具姿色的小盆景，更是讓她興奮萬分。

我可就累壞了，載進載出，既當司機又兼作挑夫。這不打緊，電鑽釘牆、鏟子挖土，也都成了我的工作。到後來，已弄不清，倒底是我還是妻在布置了。甚至，盆景、吊籃的擺設位置，也要問我的看法——因她認為我比她更有眼光、更具美感。

能獲得她的肯定與賞識，實屬難得，我也就大膽地代做決定了。其實，我滿欽佩她呢！相信嗎？為了做好這件事，她竟然特地報名參加社教館主辦的園藝短期訓練班。妻，向來如此，只要她決心要做的事，必定全力以赴。這點，我該向她學習！

沒想到，一個月下來，已經有了相當規模和成果。原本單調乏味，且堆滿雜物的小後院，頓然，像是有了生命似的。這些花草，一片生意盎然，彷彿一幅畫作貼在之前斑駁無趣的水泥牆上。加上幾叢小花，點綴其間，更顯得無比生動與活潑。當然，空氣也較以往清鮮了許多。

值得一提的是，置身此間，竟然會有一股與世隔絕之感，這是住在現代化公寓裡，相當難得體驗到的感受。

試想，原本一抬頭，只能看到四周高牆的小後院，經過妻和我的簡單布置，今天，儼然已成為一個可以鬧中取靜的小天地。只要佇立一角，眼目所及，盡是花草藤葉，而可以無視於左鄰右舍的灰泥牆面和塑膠管。真是何其幸運，又何其難得呀！

想到此，不禁又想感謝妻的這番美意，以及她鍥而不捨的做事態度。可以說，當時我能夠擁有一個自家的後花園，完全歸功於她的發心與策畫。尤其，這個我原本難得停留的小後院，整理後煥然一新，竟然成了我經常駐足之處。

當然，我也會幫忙除草、施肥、澆水，把這些小生命視為孩子般細心照料。看著它們生長得愈發蓬勃繁茂，內心裡的那種慰藉與滿足感，竟然是那麼地踏實。漸漸地，我愈是經常接近它們，這種感覺也就愈加濃厚。

尤其，每當我心情較為低落時，只要置身其間，頗為神奇地，我的情緒很快就被這些花草所牽引。它們似乎散發出一股忘憂的氛圍，竟然，能夠讓我迅速忘掉先前的不悅。這看似平凡卻真實的體驗，不想藏私，誠摯地與各位來分享。

真的，我很慶幸，當時自己能夠擁有一個袖珍型的自家花園。

中唐詩人劉禹錫說：「山不在高，有仙則名。」而我要說：「園不在大，有心則美。」真的，不必羨慕別人的花園有多大，那是別人的。重要的是，你有沒有自己專屬的花園——哪怕它只是一個後花園，或只是公寓陽台的一個小小角落花園。

因為，你家小小的後花園裡，可能蘊藏著，取之不盡、用之不竭的心靈寶藏。

> 山不在高，有仙則名；水不在深，有龍則靈。
>
> ——劉禹錫〈陋室銘〉

9、且學人老心不老

社會世代變遷下，人們談健康，強調「身、心、靈」的整體健康。易言之，僅是身體的健康還不夠，必須心理也能夠和諧，此外，靈性的成長亦不可或缺。

而想要同時達到此一境地，並非容易之事。尤其，靈性方面，屬於形而上或哲學的領域，暫且不深談。不過，常人至少會認同，一個真正健康的人，除了關注生理健康之外，亦不可忽視心理上的健康。

通常，我們較懂得也較著重在生理上的保健，而對於心理上，較為欠缺，所知也相對有限。其實，保健上的這種失衡是值得注意的。因為，醫學已證明，許多生理上的病痛，其實是源自心理上的失調。

年輕時，我曾有個忘年之交的前輩，雖然年齡有相當差距，但，我們思想理念卻很接近。因此，談哲學、論人生，都非常投緣。以當時他的年齡來說，健康情形甚佳，非僅身體硬朗，而且總是笑口常開。

我請教他有何祕訣，能夠保持如此身心俱佳的健康狀態。他毫不遲疑、簡單地答道：「老弟！沒什麼祕訣，我只是保持『人老心不老』罷了！」

雖是簡短的一句話，其實是頗耐人深思的。

這所謂的「人老」，自然是指生理上（身體）的老化，而「心不老」則是指心理上的不老。當然，隨著年齡增長，生理上各項機能的確會衰退老化，這是任何人皆避免不了的現象。至於，心理上是否也隨著年齡而老化呢？我想，常人在心理上的衰老雖然慢一些，且不像生理性衰老那麼明顯與具象，但多半人會過早地讓心靈進入消極、衰退的狀態，而難保「心理性青春」。

不過，有些人則不然，他們的生理老化情形不像同齡人那麼明顯（或者說，他們外觀上年輕許多）。我發現，這種人有個特質：他們的心思與觀念，較諸常人往往年輕許多。

前述的那位忘年之交，即是一個典型範例。

相信嗎？當時已年過七旬的他，還經常進出ＫＴＶ呢！而且，他自認是「張學友迷」，幾乎每一首張學友的歌曲，他皆能倒唱如流。最絕的是，只要金嗓一開，便欲罷不能，麥克風總緊緊握在他的手上。

說來慚愧，每次我點唱歌曲，總是停留在五六十年代，幾乎是老掉牙的歌曲。你說誰年輕呢？當年，在生理上我的確較他年輕許多，但，心理上他則年輕我更多。說實話，我打從心底裡羨慕他。不！應該說佩服他，佩服他的精神與勇氣。

坦言之，這所謂的「心不老」，是與個人主觀意識相聯繫的。其實，就在一念之間。你認為自己正在逐漸老化甚或已垂垂老矣，那麼，在自我暗示或自我催眠下，心理上便會不自覺地接受衰老的事實，從而，影響到生理上的老化。

反之，若從另個角度自我觀想：深信自己在生理上雖已漸漸老化，但，生活或行為模式上，是可以不必同步老化的——只要我有強烈意願，且行動積極。那麼，相信，要讓自己的心不那麼老，其實也沒有想像中那麼地困難。

朋友，當你年紀愈來愈老時，是否也希望像我的忘年之交那樣「人老心不老」呢？相信任誰都希望如此，那麼，務必在未老之前，就做好上述的心理建設！

誰道人生無再少？門前流水尚能西，休將白髮唱黃雞。

——蘇東坡〈浣溪沙‧遊蘄水清泉寺〉

二、處事勵行篇

1、事磨人，方成大器
2、勵行點點滴滴求其是
3、善用時間管理
4、取之有道、有度
5、孰重？一個今天，兩個明天
6、別因強出頭起煩惱
7、勇於面對挫折
8、不倒翁的省思

1、事磨人，方成大器

當今二十一世紀，人類物質文明日新月異，前沿和顛覆性科技迭代快速。可惜的是，我們的精神文明，相較於舊世代，並沒有顯著的進步。

就以人生哲學觀為例，今者少有能夠超越老莊哲學的境地，更遑論境界高深的佛法精義了。但，我們也無須陳義過高，其實，在老祖宗文化遺產中，也存在著不少人生智慧，足以作為日常生活中的借鏡。

我長年喜愛關注老祖宗的智慧，除了視之為珍寶外，也盡力加深體悟，並付諸實踐。往往，能夠獲致意想不到的心得。

且以人生的歷練來說，中國人有不少這方面的諺語。例如：「不經一事，不長一智。」「刀要石磨，人要事磨。」不勝枚舉。這些話，既接地氣，又富哲理，令人深以為然。但是，多半的人，往往聽聞當下首肯心折，一轉頭，左耳聽進的，右耳出去了。

因此，話雖有道理，卻難以實踐在生活上，即所謂「言者諄諄，聽者藐藐」之最佳寫照。其實，如果能將這些道理，像吃飯般細嚼慢嚥，然後如實消化、吸收，必有助於在生活上著力並大大受益。

此處，針對「刀要石磨，人要事磨」來加以闡釋。

刀子的原料是鐵材或鋼料，一旦使用後，若不經常粗礪細磨，就無法常保鋒利，而將漸次鈍化甚至廢棄。玉石亦然，若不經雕琢，就不能變成精美的器物，即所謂「玉不琢不成器」也。

而人也是如此，人的資質如同鐵材、鋼料或玉石一樣，必須禁得起相當磨練，才有可能成為大器。尤其，人生之旅，布滿著荊棘與疾藜，你不能總是躲避或退後；相反，你必須鼓起勇氣與毅力去面對，披荊斬棘，然後才能開創出康莊大道來。如此，身經百戰之後，你就能練就金剛不壞之身，不畏逆境，不怕艱難。

因此，相當經驗的累積是必要的。然而，經驗並非與生俱來，更非金錢所能買到，必須仰賴更多事件的「經歷」，與更多挫折的「磨練」。而這「經歷」加上「磨練」，亦即常說的「歷練」。可見，「刀要石磨，人要事磨」，確有其道理。

至此，道理固然懂了，但，若只是將它束之高閣，終究也是於事無補。若真要有助於人生，還是貴在確實執行。

回想剛踏入社會時，我的第一份工作，在一家中外合資的公司任職。由於我是公司裡學歷最高的人，而且擁有高考及格資歷，因此，頗受公司重視。記得我的第一個職務就是部門課長，起點頗高，這在當時是罕見的，也不知羨煞了多少人。

然而，我倒是很務實，不因位居課長就自滿，反而花更多時間，投入生產的第一線，與作業員並肩工作，希望藉此磨練自己，能夠快速瞭解整個作業流程。同時，也深切體驗到第一線人員的辛勞與感受。

坦白說，當年在管理實務上的一些成就，應該拜這些實務、歷練之所賜。我想，我算是一個對「人要事磨」這句話，有力行經驗的人吧？

我們都該清楚，任何人皆很難從他人經驗中學到歷練，而必須自己親身去領受。這種領受，好比「如人飲水，冷暖自知」一樣。因此，既然歷練在人生旅程中是如此重要，那麼，何妨把握機會，更早、更多地「經歷」各種不同事件的「磨練」！

想想，當我們年輕時，往往苦於歷練之匱乏，或者不懂得把握良機；而當我們有了諸多歷練時，卻又苦於年華老去，感慨時不我與。這種遺憾屢見不鮮，非常可惜！因此，我們應該及早覺知、設想，與實踐。

總之，較務實的做法是，除了正視並充分認知「刀要石磨，人要事磨」的真諦外，尤為重要者——更早地、更積極去「經歷」各種不同事件的「磨練」！

玉不琢，不成器；人不學，不知道。

——《禮記・學記》

子不學，非所宜。幼不學，老何為。玉不琢，不成器；人不學，不知義。

——《三字經》

2、勵行點點滴滴求其是

依稀記得，昔年台灣經營之神王永慶曾提及，經營管理貴在「追根究柢，實事求是，點點滴滴求其合理化」。我本身是學管理的，也有實務經驗，因此，頗能瞭解這句話的深層涵義。

當然，王永慶所說關於經營之道的這句話，其宗旨不在為管理下定義。因為，為某事下定義，必須抓住被定義事物的基本屬性和本質特徵，而這事早有不少專家學者為之。王先生主要是從實務運作觀點切入，認為管理程序或行為的成果，是無法一蹴可幾的，必須透過一點一滴的實際努力，才能累積出具體成效。

那段話，除了適用於管理，在其他方面亦可受用。因此，此處我不準備談管理。我認為，即使在一般待人處事上，也可善用「點點滴滴求其是」的道理。

首先，「求其是」乃是指尋求在待人與處事上的合理與圓融。而合理與圓融，則是一種成熟行為的表現。亦即，初期由生疏、缺乏經驗為起點，經由學習、歷練、嘗試錯誤或失敗，然後，累積所有經驗，才能邁向最後所看到的合理與圓融。

換言之，如此境界的達成，絕不是立現的，而是經由過程中「一點一滴求其是」所累積形成的。所以，我們才強調「點點滴滴」的必要性與必然性。

細看生活中的待人處事，有太多例子可以印證這句話。例如，我們從小就對「鐵杵磨成鏽花針」這話朗朗上口，勉勵著我們「有志者事竟成」。而這，不就是處事上「點點滴滴求其事」的典型例子嗎？

接下來，再看另一句吧——「路遙知馬力，日久見人心。」這是在待人方面的「點點滴滴求其是」。另外，台灣老一輩長者們經常勸年輕人說：「做人啊，要留一些讓人來探聽。」這，也是教導我們在行為進退上，點點滴滴都要相當審慎，因為「人言可畏」啊。

可見，在待人處事的修為方面，如果我們肯重視並付出心力去做，定能獲致良好的聲譽和人緣。反之，稍不留神，即便只是點點滴滴，累積到一個程度，也可能鑄成難以預料的負面影響。

過去我有位同事，他的英文程度非常好，無論是讀、寫、聽、講的能力都堪稱一流。其程度好到，曾經有位美國教授與他交談後，問他，是否曾在美國久住過？否則英語怎會說得如此流利，而且腔調又那麼正統。其實，他從未到過美國。

由於我和他交情匪淺，初中、大學及研究所時都是同學，甚至，連服兵役也在同一個單位，因此，我很清楚他的英文程度何以如此傑出。事實上，他就是典型的「點點滴滴求其是」

的勵行者。

就我所知，當時他幾乎每天都花不少時間讀英文，而且是蹲好馬步，穩扎穩打，從基本功練起。他的學習範圍很廣泛，從單字、片語大全，到各種雜誌、小說，或專業讀物，無不涉獵。甚至，在車上還特地準備一些英語錄音帶，一面開車一面學英語。此外，只要碰到外國人，他一定抓住機會交談一番。

你瞧，如此的「點點滴滴求其是」，他的英語怎麼會不好呢？

其實，有太多事例，可以驗證「點點滴滴求其是」的確然性。然而，時下功利主義盛行，凡事講求速成、立現的成果，好像不如此不足以展現自己的優勢。因此，愈來愈少人願意耐著性子，去勵行「點點滴滴求其是」的正見。

尤其，今天的新新人類，從小很少吃苦，也難得經歷磨練，當然不易體悟這句話的真諦。顯然，世風已是如此。但，呼籲年輕朋友們，應以此為鑑。更奉勸所有父母們，為了自己子女好，從小就該引導他們養成「點點滴滴求其是」的良好習性！

善知識，一行三昧者，於一切處行住坐臥，常行一直心是也。《淨名經》云：「直心是道場，直心是淨土。」

——《六祖壇經・定慧品第四》

3、善用時間管理

我想多數人應會認同：人生中最大的受限，在於「時間」與「空間」的束縛。尤其，生命所受時間之限為甚。幾乎，「百年三萬六千日」是人一生中最大範疇。

因此，自古以來，即有許多期勉人們好好珍惜寶貴時間的箴言。例如：「光陰似箭，日月如梭。」「一寸光陰一寸金，寸金難買寸光陰。」「白日莫空過，青春不再來。」諸此不及備載。這些名言，固然能夠提醒我們體悟時間的可貴。同時，也令人感受到，時間對我們無情折騰的一面。

生命短暫，日子匆匆，時間的腳步雖似無聲無息，卻總帶給我們一股無形的壓力和焦慮感。當然，時間對我們的生命與生活而言，也不可避免地造成一些不定性的影響。

對此，我很早就深入思考。雖然，人的生命在時間上受到必然的限制，但，是否就意味著一定要承受它的折騰呢？

不，當然不該如此！只要有方法，是可以免於或減少非必要的折騰。

不是說「上有政策，下有對策」嗎？如果人的生命為時間所限，是一種自然法則，那麼，為了不想太受折騰，是否應該對症下藥找出一些對策來因應。否則，這一生必然是壓力重重，而影響到人生的意義與生活的意趣。

為此，我舉了幾句具體可行的勸世小語，以供讀者們參考。諸如：「零碎時間足以成就偉大事業」、「拖延是時間之賊」、「怠於今日，則明日更難」……。

其實，這些話語的內涵，隱藏著生活的智慧，而且是實際可行的。我們若能掌握個中精髓，並確實予以實踐，相信，是可以相當程度操控時間的。當然，關鍵在於你是否在意，以及是否找到適合自己的方法或方式。

年輕時，我幾乎是經常馬不停蹄，時時忙得不可開交，對於工作、家庭以及自我三者，我都需要付出相當心力與時間，予以關注。因此，總覺得時間不夠用，恨不得一天有更多時間分配。但，身為一個企業管理博士，如果也全然受到時間的折騰，似乎很不光彩。為此，我在時間管理上也就特別下功夫。事實上，我滿會利用零碎時間的。

諸如：利用開車時間聽英語會話、演講語錄；或利用授課前的等待時間，唸幾句英語片語或背幾個單字；或在不重要的會議中，拿出紙筆思考幾則未解的問題；或邊看電視新聞，邊瀏覽當天報紙的大標題。

尤其，我會隨時在手提箱內準備好紙筆，一有空閒，便隨時將寫作的靈感記下。事實上，我出版的多本書籍，就是在充分利用零碎時間下完成的。

值得強調的，事情本身的輕重緩急，也是必須關注的重點。舉凡重要緊急之事，若非必要，絕不拖延。而能夠當日或當下解決的，則養成盡速完成的習慣。

大致說來，我這些處事原則，已經力行了前述「零碎時間足以成就偉大事業」、「拖延是時間之賊」，以及「怠於今日，則明日更難」等箴言。因此，就我而言，雖然，時間對我仍是個很大限制，但，其實我已不太會受到它的折騰了。

朋友，相信你定然不希望受到時間的折騰吧！我相信你絕對做得到。但，想要如此，必須在時間管理上下點功夫，設法找出一些方法或方式來因應。而首要之務，先充分瞭解自己的作息與習性，方有可能找到最適合自己的方法或方式。

> 百年三萬六千日，不及僧家半日閒。來時糊塗去時迷，空在人間走這回。未曾生我誰是我，生我之時我是誰。
>
> ——順治皇帝福臨〈讚僧詩〉

4、取之有道、有度

我想多數人都有如是經驗，在成長過程中，曾立下諸多志向。到後來，所從事的職業，往往與過去所想的大異其趣。

當然，我亦是如此，在踏入社會之前，內心裡不知想過或換過多少次志向。就拿大學時代為例吧！由於自小家貧，因此，非常羨慕白手起家的企業人士。

猶記得，有一次和母親坐車北上，路經中興紡織廠，望著窗外那座頗具規模的廠房，我對著旁邊的母親壯志凌雲地說：「媽！希望有一天，我也能擁有像這樣規模的公司。」結果，這個願望至今仍未達成。

然而，我並不感到氣餒或失望。因為，雖然我自己沒有實際擔當一家大公司的經營者，但是，我幾十年投身於大學管理教育領域，只要我用心栽培與付出，反而可以造就出更多足堪擔當董事長及總經理職位的人才。

想到這兒，我不禁會心一笑。因為，多年來我為數不少的學生當中，後來確實有不少是公司董事長或總經理。事實上，透過他們，也達成了我的部分願望。這就是退而求其次的處世觀，也是管理學中所談的「次佳解」。

其實，人生的諸多待人處事情境中，未必都存在著「最佳解」，而能夠取得「次佳解」，已是難能可貴的了。

誠然，在漫長人生旅途中，我們的未來其實充滿著不少機會。不過，在每個時點，我們卻都只能從中擇一，不可能同時擁有多重機會。這正是《紅樓夢》裡賈寶玉對林黛玉的表白：「任憑弱水三千，我只取一瓢飲。」

因此，一旦我們決定了這個選擇，便要擇善固執、全力以赴，否則終將一事無成。西哲托爾斯泰有一句話說：「選擇你所愛的，愛你所選擇的。」這話，無論是用在人、事或物上，都非常貼切，我們實該引以為鏡。

觀乎當今社會，世風日下，人心更是不古。古人所云雖珍貴，但，卻沒有受到該有的重視。君不見，功利主義盛行的今天，人們對物質的追求是「吃著碗裡，看著鍋裡」，這豈非「人心不足，蛇吞象」的最佳寫照？

無怪乎，處處可見你爭我奪、上攀下比、爭先恐後等亂象。從小學生到成年人世界，各種各樣內捲和外捲的壓力，令人難以應付。相信，這絕非在物質文明高度發展後，人們所樂意見到的現象。如果，人們都能多一點「弱水三千只取一瓢」的禮讓意識，那麼，這世界將會更可愛些！

弱水，它其實是一條三千里長的河流，就算你想取一千瓢，也取不完。因此，「三千」比喻「多不可計」，而「一瓢」則寓意「夠用即可」。

這也呼應了一句台語俗諺：「人兩腳，錢四腳。」比喻人追錢很辛苦。而且，財富是永遠也追求不完的，其中一個原因是人永遠不嫌錢多，人對財富的慾壑難填。天下財富並非不可取，但要取之「有道」，而且要取之「有度」。如果，大家都不遵守遊戲規則，取之既無道又無度，那麼，這社會當然要亂了。

就此，我深深以為，每個人在待人與處事上，無論是對人、事或物的擇取，都該謹守「弱水三千，只取一瓢」的分寸，加以自我約制與管理。

倘非如此，每個人都心存「濫取」與「累積」的自私貪慾，那麼，這世上將陷入無止境的紛爭中；而我們的人生，也注定將墜入現實與功利的輪迴中。

讓我們靜下心來自問：如此世界，是何等無趣？你、我又何忍？

知足常足，終身不辱。知止常止，終身不恥。安莫安於知足，危莫危於多言。

——弘一大師李叔同《格言別錄》

5、孰重？一個今天，兩個明天

眾所皆知，人的一生都為時間所束縛，無人能倖免。

時間就像一條湍急的河流，匆促前進，不為任何人停留片刻，也不因任何事而稍待。換言之，生命的最大限制，就在於時間的不可逆。

我一向景仰的東坡大師，在他被流放黃州時，曾寫了一首〈寒食雨〉古詩，有幾句對易逝的時間頗具感慨。這兒與讀者們分享──「自我來黃州，已過三寒食。年年欲惜春，春去不容惜。……暗中偷負去，夜半真有力。何殊病少年，病起頭已白。」

我所瞭解的東坡，是個非常認知生命特質的人，也是個頗能掌握生活意義的人。詩中他表達了，雖然每年都很想把美好的春光留住，但，春天依然飛逝，了無痕。

最令人拍案叫絕的是，東坡居士竟然質疑究竟是誰，在黑夜裡偷偷帶走了春光？在這兒，詩人巧妙引用了《莊子‧大宗師》裡的寓言：「藏舟於壑，藏山於澤，謂之固矣。然夜半有力者負之而走，昧者不知也。」這個趁著夜色背走春光的小偷，力氣可真大，步履可真輕巧。光陰的飛逝，如同一個臥病的少年，痊癒時，居然已是滿頭蒼白的老人了。

逝者如斯，我們又怎能不珍惜每一刻光陰呢？

而我們若真想珍惜寶貴的光陰，就必須從今天此刻開始。

過去的，已是灰飛煙滅，我們不能只會緬懷或耽溺於過往。當然，也不能空費心思期待著或幻想著未來，因為，未來總是充滿變數而茫然不可知。顯然，只有現在才是更加真實、更加可靠的朋友。無怪乎，富蘭克林說：「一個今天值得兩個明天。」

這話說得不過分，甚至，我要說，一個今天值得三五個明天呢！

或許你聽過英國女王伊麗莎白一世在臨終時，曾感慨地說：「我願以一切所有，換取一刻時間。」然而，時間是任何財富也無法買到的。對伊麗莎白一世而言，一個今天更值得千百個明天呢！

因此，我們實在應該務實地珍惜，比較能夠掌握到的今天。

一位企業界的老友，他對時間的珍惜，無論在態度上或技巧上，都堪稱一流，頗值得我們向他學習。據我知，他曾經營或投資的事業，至少有十項，雖然規模未必很大，但也夠他忙碌的了。

他雖然日理萬機，每天行程滿滿，但其學習的腳步卻未曾稍歇。除了忙於事業外，還要騰出時間在學習上，無論是管理、經濟專業，或是心理、哲學領域，都是他的興趣範圍。此外，他還有推不掉的應酬。試想，若沒有一套好的時間管理，如何兼顧？所幸，他懂得也捨得花錢聘請好的老師、顧問、諮商師，以及優秀的助理，來協助他，有效地達成他的諸多目標。

而最令我佩服的是，他把一天當成兩天來用。諸如：行程做最有效安排，凡能透由他人完成的工作，一定委託他人；電話一定長話短說，處事果斷，絕不拖泥帶水；而且，今日事絕對今日畢。他，絕對是「一個今天值得兩個明天」的忠實推行者。

坦言之，這種人的成功當然不是偶然。不過，也千萬別以為他是個工作狂。事實上，他還是個樂山樂水的大自然熱愛者。若要談休閒旅遊，他可也是個行家呢！真的，我這位朋友，值得我們向他學習與效法。

莎士比亞的這一句，或許可以幫助我們及早警惕：「我耗損過時間，而現在則是時間耗損我了。」

這真是智者的話！雖然，只是一句稀鬆平常的話，卻能讓我們頓時感到汗顏，油然而生奮發圖強的決心！

朋友，無論你還有多少個明天，最重要的是，再也不能輕易地耗損了今天。如果，你能確實力行「一個今天值得兩個明天」的哲理，那麼，你將會更有成功的希望！

自我來黃州，已過三寒食。年年欲惜春，春去不容惜。今年又苦雨，兩月秋蕭瑟。臥聞海棠花，泥污燕脂雪。暗中偷負去，夜半真有力。何殊病少年，病起頭已白。

——蘇東坡〈寒食雨〉

6、別因強出頭起煩惱

二十一世紀下的社會，醫療水準與相關的儀器設備愈來愈進步，人的平均壽命也大幅增長。然而，文明病卻也相對地增加，「憂鬱症」便是其中之一。

當然，依據醫學研究，導致憂鬱症的病因很多，有些屬於生理方面，有些則是心理因素。我個人的醫學知識很有限，不敢深談。但，對於觀察一般人的行為與心理，倒是頗有興趣。

在我看來，當今現代人，在無止盡多元與複雜的社會下生活，其所承受的壓力，無論在質或量上的衝擊，都是傳統社會下的人所不及。有許多壓力看似外來，但，其實有不少是自找的。尤其是後者，更是煩惱及壓力的主要來源。

平心而論，這些煩惱及壓力，很多是因自己「強出頭」而起的。此點，身為現代人，實在不可不正視與審慎應對。

那麼，何謂強出頭？明明沒有能力做到，卻要勉強自己去做，便是強出頭，也就是所謂的「自不量力」。自不量力的結果，通常會以失敗收尾，而緊接著來的，便是一連串的煩惱。

煩惱自己為何不能夠成功；煩惱白白花了不少心力，結果「竹籃打水，一場空」；煩惱為何別人行，而我卻不行……。這些煩惱若無法疏通，長期累積下來，便成了「憂鬱症」。

反之，一個「量力而為」的人則快樂得多。因為，他不想跟自己過不去，當然不會強出頭。此時，煩惱鎖不住他，憂鬱自然也會離他遠去。

這道理簡單易懂，但，世上就是有不少人愛鑽牛角尖。這當然不是現代人的專利，其實，古人也好不到哪裡。清代文人張潮在《幽夢影》中就曾云：「為月憂雲，為書憂蠹，為花憂風雨，為才子佳人憂命薄，真是菩薩心腸。」

你瞧！一般人為月也憂，為書也憂，為花也憂，為才子佳人也憂，都是在為身外之物或他人而憂。結果，憂出了「憂鬱症」來，連帶著，又為自己的憂鬱症而憂，真是何苦來哉！

顯然，這些煩惱的起因，皆是想要解決超乎我們能力所及的難題。而如果一定要去做，或者甘願「杞人憂天」的話，便是強出頭。那麼，煩惱將是緊接而來的回報。

記得幾年前的報紙上，曾經刊登一首〈老年健康自律歌〉，創作者是對養生之道頗有心得的法學專家陶百川，〉其中有一段特別強調「工作不過勞」。其實，就是一種凡事不強出頭的作風——非僅體力上的不過勞，尤其，心力上也不能過勞。

無怪乎他能如此高壽！當然，這除了與他「養身有道」之外，我想，更該與「養心有道」大有關係吧！畢竟，一個不喜歡強出頭的人，煩惱相對地也會比較少吧？

所謂：「煩惱不找你，絕不要自尋煩惱。」的確，如果我們靜下心來檢視一番，將會發現，有九成以上的煩惱皆是自找的。尤其，如果你能夠不強出頭，其實，煩惱自然也會離你遠去。

古諺說：「天下本無事，庸人自擾之。」卓哉斯言也！我們豈能放著快快樂樂的日子不過，偏要自找罪受，當個庸人呢？實在沒有道理！

誠然，人生在世，待人處事著實不易。真要做到完全沒有煩惱，事實上也不太可能。更何況，有時經歷些許煩惱，也並非完全沒有益處。六祖慧能大師就曾開示：「煩惱即菩提。」即所謂「不經一事，不長一智」，煩惱其實也有可能獲得智慧的！

總之，年輕朋友們，若能正視煩惱，其實也不必太忌諱碰到它。當然，正值血氣方剛的年輕人，還是該謹記「煩惱皆因強出頭」的明訓，做好適度的拿捏與調整。

煩惱即是菩提，無二無別。若以智慧照破煩惱者，此是二乘見解，羊鹿等機。上智大根，悉不如是。

——《六祖壇經‧護法品第九》

7、勇於面對挫折

舉世聞名的軍事家和政治家拿破崙曾說：「最困難的時候，也就是離成功不遠的時候。」這句聽似簡淺的話，其實，卻頗富哲理。然而，多數人未必有此智慧。經常在最困難時，便棄甲投降；尤有甚者，在稍感困難時，就已心萌退卻之意。

顯然，當身處困境時又能堅持到底的人，往往可以享受到成功的果實。不過，要培養、具備這樣的心態與風範，確實也並非易事。

想想，在漫漫人生旅程中，幾乎無人能保證凡事能夠一帆風順。或許，幸運地沒有大風大浪，但起碼的挫折亦是在所難免。這些，都是生命與生活中的必然性。

其實，「挫折」本是生命與生活中不可避免的一部分。不同的是，有些人承受較多，有些人較少；或某些人遭遇較早，某些人較遲而已。

再者，即使挫折是人生的必然經歷，但也沒有必要將它視為厭惡之事。因為，任何事物的發展，通常都是有利有弊、得失參半的。

如果我們從另一個角度來看，其實，挫折也不乏它的正面意義。可不是嗎？「不經一番寒徹骨，那得梅花撲鼻香？」又云：「不磨不成玉，不苦不成人。」沒有經歷過挫折的磨練，以及苦難的洗滌，一個人是難以成就大器的。

回想從前的自己，在三十一至四十歲的十年黃金歲月中，遭遇到前所未有的挫折，承受到極大的打擊。當時，如果我向這個挫折低頭的話，很有可能改變我一生的命運，也就無法成就今天的我。

還好，當時我的毅力、耐性都夠堅強，勇於面對挫折，以欣然接受代替無奈的抗拒。結果，發現痛苦逐漸減少，甚至，能感受到挑戰挫折的一種成就感。因此，雖然曾經走了一段滿艱辛的路，但，終究也克服、超越了這個障礙。

事後想起這些往事，感到非常慶幸，不僅完成了我當時的目標，而且，也獲得不少我預期之外的收穫。而這一切要歸功於，當時我選擇了面對挫折，而不是逃避它。

事實上，對布滿坑坑洞洞的人生路途而言，想要完全避開不可避免的挫折，誠非易事。或許，改而以謙遜的態度去接納挫折，並嘗試將挫折視為良藥，反而能有更建設性的助益。當然，良藥總是苦口的。

因此，在一生中若能愈早接受挫折的洗禮，則愈能及早適應它的挑戰。同時，也愈能藉力使力，百折不撓，愈戰愈勇。十八世紀英國詩人波普亦有云：「並非每一個災難都是禍，而且，愈早來臨的逆境常是福。」這話，正好呼應我之前所說的「挫折是良藥」的意涵。

顯然，一個人歷練挫折的時間愈早，反而是一種福氣。想想：如果遭遇挫折是人生不可避免的事，那麼，我寧願選擇在年輕時去面對。因為，此時無論是體能或精力，都綽有餘裕去承擔。反之，年輕時一帆風順，到了晚年才遭受劇烈打擊，那真是可悲。因為，此時的身心皆已疲弱。屆時，想要克服挫折，往往是心有餘而力不足。這樣的結局，通常會是抑鬱以終，真是令人惋惜！

我很慶幸，遭遇較大挫折的時間點，是在自己相對年輕時。雖然，當時的確也很不好過，但，塞翁失馬，焉知非福。其實，嚴格說來，我獲得的比失去的多。

就以「挫折的免疫力」來說，我就比別人強了許多。我相信，我要比一般人更能勇於面對挫折，也更容易從挫折中走出來，瀟灑回望，雲淡風清。事實上，這也是為何我要再三強調，「挫折是良藥」的主要原因。

朋友們，也誠心祝福你們，能夠早日嘗試這帖良藥！

莫聽穿林打葉聲，何妨吟嘯且徐行。竹杖芒鞋輕勝馬，誰怕？一簑煙雨任平生。料峭春風吹酒醒，微冷，山頭斜照卻相迎。回首向來蕭瑟處，歸去，也無風雨也無晴。

——蘇東坡〈定風波・莫聽穿林打葉聲〉

8、不倒翁的省思

人生在世，成長過程的不同階段，都會面對外在環境的變遷。而影響環境的諸多因素，誰也無法完全掌控。因此，人生旅途中，諸多無法預知的問題和挑戰，對你可以是一個跳板、一個轉機，也可以是絆腳石，令你一蹶不振。

易言之，我們的生命裡，無論是面對學業、事業或感情，都可能在前進的過程中突然遇到意外或困難，甚至因此而受挫，跌一大跤。這即所謂的「馬失前蹄」、「靜海航行突遭暴風雨」。事實上，這些皆屬正常現象。因此，我們本該以平常心面對。

只是，摔倒了，如何重新站立穩固？這才是重點，也才是我們該在意的。

很多人一旦摔倒了，便賴著不起來，只顧喊疼，不思尋醫求藥，甚而為得到別人的同情，任傷口繼續惡化，終至潰爛壞死，無可救藥。

其實，生命本身存在著自癒的機能，端看我們如何善用。

例如，蜥蜴斷了尾巴，會再生出一個新尾巴來，這即是所謂的「斷尾求生」，其生命力真的很頑強。關鍵在於，生命自體本身須有強烈的求生意願，也要有旺盛的再生機能。

人類常自稱為萬物之靈，那麼，更該相信我們擁有這方面的能力；非僅生理方面的再生，也包含心理方面的再生。這一點，我們一定要相信，否則，就不配稱為萬物之靈了。

倘若我們確信如是，自然也會認同，在人生旅程中，即使不免會絆倒摔跤，但，是可以做到「斷尾求生」、「摔倒後重新站穩」的。說得更傳神些，每個人都可以像「不倒翁」一樣，去面對生命的無常，以及生活的多變。

還記得嗎？小時候我們喜歡玩不倒翁，不僅因它總是笑面迎人、和藹可親；更難得的是，不管你怎麼推，它永遠不倒。

不！嚴格說來，應該是：你推它，它也會倒，只是，它一定會再站起來！

我們當然知道，由於它重心沉穩，因此外力難以全然控制它。那麼，我們內心是否擁有像不倒翁一樣的重心本質呢？如果有，你一定也可以像不倒翁一樣，雖然偶然摔倒了，卻能搖一搖、晃一晃之後，重新站穩。如果缺乏這種不屈不撓的毅力之重心本質，那麼，即使小跌一跤，也可能留下嚴重的心理後遺症，令我們在其後的人生路上裹足不前，怯懦退縮。

很多人也可能有過這樣經驗，小時候曾在熟睡中跌落床鋪底下，但，卻很少受到傷害。據瞭解，原因在於小孩較能身心完全放鬆地沉入夢鄉，因此，能夠不假抗力將重心順勢移轉，故而，跌下床也能夠安然無恙。

此一情景，就如同不倒翁的特質，能夠「摔倒後重新站穩」。然而，隨著年紀愈長，此種特質卻逐漸失去。曾幾何時，我們已然害怕摔跤，甚且摔跤後也無力重新站起來。不禁要問，這是不是一種退化現象呢？

或許，有些小哲理值得我們重新拿出來沉思。就如同不倒翁的寓意，是否我們應該尋回自己的「赤子之心」呢？想起小時候，曾經摔過無數次跤，膝蓋跌破而血流汩汩，但，我們從來不曾因而裹足不前、不敢再奔跑。

事實上，無論曾經摔倒多少次、流了多少血，我們終究還是爬起來了，才會有今日的自己。

因此，我們實在應該謹記，不倒翁並非不會倒，只是，它倒了之後，一定會重新站穩。

泰戈爾說：「上天完全是為了堅強我們的意志，才在我們的道路上設下重重的障礙。」既然如此，就讓我們重尋孩童時候的勇氣，效法不倒翁的精神毅力，堅強面對挫折，重新奮起，繼續前進吧！

古之立大事者，不惟有超世之才，亦必有堅忍不拔之志。昔禹之治水，鑿龍門，決大河而放之海。

——蘇東坡〈鼂錯論〉

三、豁達應世篇

1、曠達的人生觀
2、學會轉境功夫
3、原諒自己的智慧
4、其實雲上有青天
5、重拾初心——世事堪玩味
6、學習活在當下
7、偷閒行樂去

1、曠達的人生觀

人生不如意事十常八九，相信多數人有時難免會有如此感受：生命無常的無奈，以及生活多變的諸多遺憾。

的確，我們大都認同生命是那般幻化無常，而生活又是何其紛繁多變。因此，很難不對生命感到空虛無奈，或者對生活覺得焦慮煩躁。這些，幾乎是一般人的普遍感受。

話雖如此，生命的歲月依然緩緩流逝，而生活的步伐亦未曾停滯不前。因此，如何設法肯定生命的意義和價值，以及加強面對生活的智慧和勇氣，才是每個人所該思考及力行的。

想想，我們的一生既短促又珍貴，我們豈能得過且過、消極散漫，以致入寶山而空回呢？然而，又該如何肯定生命及面對生活呢？

我認為，若能學學「曠達」，應會有所幫助！

那麼，何謂「曠達」？若從詞意來看，有「曠放與達觀」的深義。

「曠放」指的是行為磊落不拘束；而「達觀」意指一切聽任自然，隨遇而安——亦即對不如意的事能夠看得開。

換言之，一位曠達的人應該兼具曠放與達觀。亦即，曠達是一種人生態度、一種胸懷、一種境界，對任何事總是看得開。如此，自然比較能夠接受並適應無常的生命與多變的生活。

明白曠達的深義固然重要，但，更該關心的是如何做到！

這當然絕非一件容易的事，否則，這世上也不會有這麼多人抱怨人生的苦悶了。不過，話雖如此，若有心想追求曠達，其實也未必不可能！

曾經有人善意地提出建議，要想做到曠達，必須學著「向上看，不要向下看；向前看，不要向後看；向外看，不要向內看」。

的確，向上看，能讓眼界更為深遠；向前看，能感到未來充滿希望；而向外看，能令你心胸更為寬廣。這些，對於我們培養曠達的態度、胸懷與境界，都有相當的幫助，值得我們借鏡。

坦白說，我的朋友中，真正能夠稱得上曠達者，實在不多。而如果真要提，我的一位國小同學或可談談。

他從小即品學兼優，一路到研究所碩士班畢業，皆是名列前茅，未曾有所延誤，甚至，國家高等考試也是一次就通過。可以說，學業對他而言，實在是順暢得令人羨慕又嫉妒，堪稱學霸。

不過，如此好景直到博士班時，卻遇到了有生以來最大的挫折。自此，他變得自怨自艾、容易遷怒他人。我很同情他，也瞭解實情，知道非關他的能力問題，而是有些不可控制因素使然。後來，雖然歷經較長時間，他最後還是順利取得了博士學位。

之後的某次聚會，我問他，當時是如何渡過該難關的？他答道：「這是個痛苦的心路歷程，但，我別無選擇。」「既然我無法避免這不可控制因素，那麼，也只能試著接受，就當作我不可避免而必須承擔的業障吧。」

「如果我心甘情願地接受，不再抗拒它，那麼，時間到了、業報還夠了，一切自然就會結束。我發現，能這麼想，心情反而愈來愈自在，結果，我終於走過來了。」

或許，這只是個平凡的小故事，其實卻隱藏著人生的大道理。

我的同學從怨天尤人、動輒遷怒，到不畏懼、不逃避，並且能夠心甘情願地接納與承受，這即是一種聽任自然，遇事想得開、心胸廣大的行為展現，裡面蘊藏著曠放與達觀的禪家意味。

其實，遇到不如意的事要能想得開，對任何人來說都是不容易的。再者，即使我們已經明白曠達的可貴性，卻也清楚想要擁有它的困難度。話雖如此，這個目標與境界，還是值得我們全力以赴的！

因為，古今賢哲皆公認，「曠達」是這酸甜苦辣夾雜的人生中，難得的珍寶。更何況人生難得，你我又何忍入寶山而空回？

世事一場大夢，人生幾度秋涼。夜來風葉已鳴廊，看取眉頭鬢上。酒賤常愁客少，月明多被雲妨。中秋誰與共孤光，把盞悽然北望。

——蘇東坡〈西江月・世事一場大夢〉

2、學會轉境功夫

「山不轉，路轉」，這句話，對有開車或坐車繞山經驗的人而言，一定有相當的感受。的確，山，它始終老神在在，屹立不動。要上山，只有沿著路，環山而上。

當然，你想徒步登山而上，也未嘗不可，只不過，可能需要花更多時間與精力，才能登上山頂。誠然，這兩種方式皆有其不同意義。至於，該選擇何種方式，也端賴個人偏好與目的而異。

再者，「路不轉，人轉」這句話，也是老生常談。

想想：每一條路都有它的起點與終點，而且都是事先被設定好的。然而，每個人皆有他不同目的或終點，如果這條路無法讓你抵達，或必須花更多時間與精力，這時，你可能會考慮是否該轉換跑道？——此即「路不轉，人轉」的寫照。

至此，我原以為「山不轉，路轉；路不轉，人轉」，這話的涵義已經夠完整了。其實不然，如果能再進一步思考的話，那麼，或許提升到「人不轉，心轉」，將會有更深層的涵義！

什麼意思呢？倘若你一時為現實情勢所礙，人也不能轉的話，又該如何？

這時候，也只有仰賴「心」來轉了。那麼，心又該如何轉呢？

舉例來說，如果我們有些慾望無法或難以滿足，那麼，是否該試著減少或降低欲求，亦即，以「無欲則剛」來慰藉或勉勵自己。這，即是一種「人不轉，心轉」的寫照，其實，更是一種「行有不得，反求諸己」甚至「吾性自足，不假外求」的境界。

回述一下「山不轉，路轉；路不轉，人轉；人不轉，心轉」這十五個字，前後就有六個「轉」字。而無論是「轉」或「不轉」，都與當時所處情境有所關聯。

事實上，每個人的生命歷程，皆是在「我」與「境」之間的互動下所生成的。因此，前述的轉與不轉，皆屬於「轉境」的範疇。而如果我們能不為情境所迷失，就有可能「不為境所轉」，甚至，也有可能「轉境」。

從另個角度來看，也可這麼說，我們若能「做自己的主人」，那麼，就有可能做到轉境的功夫。而一個人若能轉境，則人生旅程中，無論是何等風狂雨驟、潮起潮落，也都能超越情境之束縛——就如同衝浪的人，能夠騎在波浪之上。如此，則不僅能順勢而為，又不失自己的既有主張。

總之，不論是「路轉」、「人轉」或「心轉」，都是各種不同程度的轉境，當然，也都是難得的修持功夫。只是，心轉的涵養更勝一籌罷了。

面對這無常的人生以及多變的生活，我們無法不受環境變遷的影響。如果，只是一味地依附環境之變而存活，便是一種隨波逐流，終究會墜入「為境所轉」的困境。為免於此，轉境的功夫實在不可或缺，當然更應勤加養成。

每個人一生的因緣或有不同，會面對什麼遭遇也都不可知，唯可確認的是，任何人的命運都不可能一直順暢，也不可能永困逆境。重要的是，當我們面對不可避免的打擊或不如意時，要能夠以一顆成熟穩重的心去調適。

而無論是「路轉」、「人轉」或「心轉」，我想，那是每個人在生命中的不同階段，所必須面對與歷練的。唯有如此，我們的生命才得以精進，也才更具意義。

閑來無事不從容，睡覺東窗日已紅。萬物靜觀皆自得，四時佳興與人同。道通天地有形外，思入風雲變態中。富貴不淫貧賤樂，男兒到此是豪雄。

——程顥〈秋日偶成〉

3、原諒自己的智慧

早期，希代出版集團出了一本心理勵志作品《善待自己》，邀約我為該書寫推薦序，我二話不說，一口應允下來。理由是，這本書光是書名就已相當吸引人了，更何況，那些年我一直熱衷於「自我管理」的推動。

因此，我特以〈做自己的主人〉為題，推薦了這本難得一見的好書。發現，書中有一則「寬恕自己」，特別觸動我，因而，想藉本文來與大家分享我的心得。

我出身自舊式家庭，父母的觀念既傳統又保守。由於家教甚嚴，塑造了一個「嚴以律己，寬以待人」的我。因而，從小即自我要求非常嚴苛——幾乎是高標準，不許自己犯太大的錯誤。甚至，連小小的錯誤或閃失，也往往會耿耿於懷。

記得，國小六年級時（當時升學主義方興未艾），某次數學模擬考試我考了九十九點五分，已是全班最高分了。但，為了這零點五分，我卻懊惱了一陣子，因為，我認為不該犯此小失誤。至今想起這事，都覺得當時對待自己，實在太過嚴苛了。

然而，我對待別人卻不然。由於從小課業及體能一向不錯，因此，總是樂於幫助同學——無論是功課或生活上的小事。同學們即使犯錯，或對我有些不善，我也多半會原諒他們。

因為，我總認為能力好的人，就該多幫助能力較差的人，並盡量寬恕他們。因此，我給人的印象總是一個「品學兼優，急公好義」的好學生。

回想當年，這樣的理念，從學生時代也帶入了社會職涯。我的待人與處事，依然依循著「嚴以律己，寬以待人」的嚴苛標準。如此行事風格，甚至，連我的家人也受到了相當程度的影響。

幾年後，我漸漸發現，這樣的待人處事方式，或許能夠為自己維持一個良好形象，但，坦白說，我其實活得並不開心。

因為，我嚴重違反了「善待自己」的好幾個原則。

別的不提，就拿「寬恕自己」這點來說，我就幾乎沒做到。因為我很能夠容忍別人的不是，或寬恕他人的過錯，但是，對於自己的不是或過錯，卻總是不肯輕易原諒。換言之，我的心中太沒有自己的地位了。

試想，一個律己太嚴的人，怎麼可能會快活呢？而且，一個不能夠原諒自己的人，我也懷疑，他對他人的寬恕是否真誠？換言之，一個能夠寬恕他人的人，必須也得能原諒自己，那才算是真誠的寬恕，而非矯情做作。

誠然，漫漫人生旅程中，屢遭坎坷與崎嶇，其實是無常之常，不必驚訝或畏懼；而日常思維與言行上，偶有閃失與錯誤，則是人性的常態，更無須耿耿於懷。要知道，即便是仁者或智者，也都難免會有馬失前蹄之時，更何況平凡庸碌的我們呢？

如果，每次犯錯都苛責自己，那麼，我們將會時時陷溺在內疚的深淵中，灰心沮喪。而一個經常自責又內疚的人，怎麼可能會活得快樂呢？連帶著，其生命也將失去很多意義。

其實，除非犯下十惡不赦的大罪，否則，只要能針對這些過錯，積極加以糾正、改善，那麼，還是有可能得到正面回饋的。不是說「知過能改，善莫大焉」嗎？

靜心想想，如果對他人，我們都能敏於寬恕，那麼，又何苦不能原諒自己呢？雖然，嚴以律己沒什麼不好，但，過於嚴苛，則反而會造成另一種負面影響。

當年我深受其害，所幸，能夠及時調整與拿捏。之後，我發現比以前快活了許多。因此，誠懇地奉勸各位，偶爾也須靜下心來思量，何妨也學學原諒自己吧！

人非堯舜，誰能盡善。

——李白〈與韓荊州書〉

白髮漁樵江渚上，慣看秋月春風。一壺濁酒喜相逢，古今多少事，都付笑談中。

——楊慎〈臨江仙・滾滾長江東逝水〉

4、其實雲上有青天

年輕時，我較常出國洽公或旅遊，每次搭飛機，總喜歡選擇靠窗的座位。因為，方便我鳥瞰窗外的景色。

當然，可以一覽地面上難得一見的特殊景象，自不在話下。不過，最令我心生感觸的是，即使起飛前遇著烏密雲布的天候，只要機身飛升到一定高度後，視野所見依然是晴空萬里。

而此時，心情感到無限的舒坦，好像世上所有繁囂、俗務，頓時都拋到九霄雲外。想想，在一大片烏雲之上竟然是晴空萬里！而這現象，當我們在地面上卻很少會刻意關注，也很少會用心去體悟。

這點小小啟示，對我後來看待問題的態度有了很大轉變。我變得比以往更為樂觀，也更懂得如何看待黎明前的黑暗時刻。

可不是？飛機在起飛前，需要有一定距離的滑行來加速。在衝破雲層飛上青天前，也需要有一定的高度來爬升。而這些，都是事前必要的努力與蓄勢累積。

人生各種境遇也是如此，無論是學業或事業，都不是一蹴可幾的。初期的暖身與待機，都是起碼必須付出的代價。如果我們沉不住氣，耐不住黎明前的黑暗，自然不可能穿越雲層、遨翔晴空。成功的祕訣無它，唯有憑藉不懈的努力和堅持，才能收穫豐碩的果實。

其實，人生有許多簡單道理我們都懂，但，未必能透徹體悟。因此，這些道理也不見得能夠在生活上發揮實際效用。舉個例子，回想當年台大畢業時，我在紀念冊上留下了一則自以為有見地的箴言：「人生境遇何足憂？嚴冬去時春必歸！」

不錯，這句話的確有幾分哲理。不過，說實話，我一定沒有把這句話完全消化、吸收，否則，踏入社會後的好長一段日子裡，挫折感與失望也不會那麼大。直到年歲稍長，對「雲上有青天」能更深切體悟後，我才算真正掌握到當年那句話的意義。

尤其，在多年歲月的歷練後，也才漸漸懂得這些簡單哲理背後，其實蘊藏著許多生活小智慧。它往往看似淺顯，但，對我們的生活態度與品質，卻有相當程度的助益，端看我們如何去淬取和運用。

雖然，每個人的背景和因緣或許不同，其可能遭遇的困難和問題也不盡相同，但困難和問題的本質，其實是大同小異的。

如果把這些困難和問題，比擬成烏雲、黑暗的話，那麼，我們或可試著培養如此信念——這些烏雲、黑暗都只是一時暫態，只要我們衝力足、耐性夠，那麼，如同飛機騰空而起一樣，終究能夠穿越雲層而重見青天。

而想要達到如此境界，在無常生命與多變生活中，培養正確的觀念是首要之務。總之，無論是「雲上有青天」、「黑暗後的黎明」，或是「嚴冬去時春必歸」，這些小小道理，其實，皆有著相當積極而正面的意義，若能善用，其效益不可小覷。

如是諸法在自性中，如天常清，日月常明，為浮雲蓋覆，上明下暗；忽遇風吹雲散，上下俱明，萬象皆現。世人性常浮游，如彼天雲。

——《六祖壇經・懺悔品第六》

5、重拾初心——世事堪玩味

年輕時，在我國歷代文人雅士中，我也非常景仰弘一大師——李叔同先生。如果你印象不深刻，至少也該聽過〈送別〉這首膾炙人口的歌謠，就是他作的詞。

這首歌詞非常有意境，讀來如行雲流水，唱來則悽悽婉婉，令人有幾許悲意與詩情。我特別欣賞歌詞中「……聚雖好，別雖悲，世事堪玩味……」這段。尤其，「世事堪玩味」這句話，更是道盡了李叔同他傳奇而又多彩的一生。

想想我們這一生，姑不論幸福或快樂與否？其實，即使不免悲苦，只要懂得跳脫，還是可以苦中作樂的。易言之，娑婆世界的萬有諸行，本就隨因緣而遷流變化。只要有正信，則一切萬物可以是美麗的；只要有正念，則凡塵俗事也都值得玩味！

我想，這或許是李叔同想要勸慰我們的——相聚雖然很美好，別離或許很悲悽，但是，這些都是凡塵世事的一環，是無常之常，也都值得我們玩味。而這，才是真實的人生。

也許，「世事堪玩味」這句話平實、易懂。可惜的是，即使我們懂了，卻沒有真正地去實踐。也明知世事是堪玩味的，但，內心裡卻一味往痛處想、往苦處鑽，將這句話全然拋諸腦後。

無怪乎，在現實生活裡，多數人並沒有體悟到「堪玩味」，而「痛苦」倒是滿滿反射在身心上，身疲心累，這是一般人的通病。

其實，關鍵只在一念之間。如果，一開始我們就往正面去想，真的，只要有心、有意，其實，萬事萬物都有可能，看成美麗而值得玩味的！

姑且舉一個很好的事例。我非常欣賞宋朝禪僧無門和尚的一首詩：「春有百花秋有月，夏有涼風冬有雪，若無閒事掛心頭，便是人間好時節。」靜下心來，揣摩一下詩的意境，這難道不是世事堪玩味的貼切寫照嗎？

不管生活中有多少現實必須面對，其實，只要能將心靈騰出些許空間，便有機會覺知，一年四季中，春、夏、秋、冬時序運轉中的禪機。真正去感受到：春天有百花之美，夏天有涼風之爽，秋天有明月之清，冬天有白雪之潔。

換言之，四季雖處在流轉變遷，但各有其絕妙、獨到之處。

因此，只要內心不要為眾多閒事所困，那麼，人生中無時無刻都可以是美好的、可愛的。

至於，如何才能避免「閒事掛心頭」呢？

這事，看似不容易，但，如果有心，其實也並不困難。我以為，既然認同世事本來就堪玩味，那麼就該確實去身體力行。初期或許有些勉強，但，有些事情卻是需要訴諸勉強的。因為，往往「勉強成習慣，習慣成自然」。

我相當崇拜的東坡大師，他就是一個非常典型的「世事堪玩味」力行者。文獻中記載，他的一生多彩多姿，擁有諸多身分：大文豪、大書法家、畫家、工程師、酒仙、釀酒試驗家、佛教徒、瑜珈行者、煉丹者等，不勝枚舉。你不得不承認，他這一生，確實令人「堪玩味」。

或許，我們沒有東坡大師的才學造詣和特殊境遇。不過，至少可先從自己能力所及開始，作為方便法門。例如，以「常保赤子之心」來面對人生世事。

不妨回想一下自己童年，如果記憶已衰退，我建議你或可觀察周遭的嬰兒、小孩。你會發現，嬰孩的快樂很簡單，甚至一個小小奶嘴就可以讓他們破涕為笑。看著他們滿足地吸吮的樣子，真是令人莞爾。而一個簡單玩具，也可以讓小孩把玩一整天，絕不膩煩。這些，不也是「世事堪玩味」很好的簡單例子嗎？

朋友！我們都曾經擁有過「赤子之心」，如今，端看你是否想回復並重拾這樣的初心。若想，那麼要做到「世事堪玩味」，其實，也沒有想像中那麼困難！

韶光逝，留無計，今日卻分袂。驪歌一曲送別離，相顧卻依依。聚雖好，別雖悲，世事堪玩味。來日後會相予期，去去莫遲疑。

——弘一大師李叔同〈送別〉

6、學習活在當下

常聽人言道：「要學會活在當下。」但「當下」這個語詞並不容易參透。西洋人頗喜歡中國人的「禪」，他們往往將「當下」直譯為「此時此地」（here and now）。我認為，如此觀點或許稍嫌窄隘了些。

我對「當下」的定義是：「可意識、覺知到的時空之點。」換言之，活在當下是指——活在「過去的經驗、現在的事實，以及未來的憧憬」的善巧時間空間。

這個時空之點，可以是過去，可以是現在，也可以是未來，完全視當時所處的情境而定。我認為此觀點，與《金剛經》上所開示的「過去心不可得，現在心不可得，未來心不可得」意境類似。雖說是「不可得」，其實，重點在於「不執著」。

那麼，在現實生活中又該如何實踐呢？

我以自己的經驗為例。每當心情或情緒委靡不振時，我會設法跳脫，讓自己活在過去美好的經驗裡。例如，回想起多年前暑假的北歐之旅——凌晨一點鐘，在挪威北極圈內的北角

（Nordkapp），與家人及一群好友，親眼目睹罕見的午夜太陽（當時正值永晝）。

大夥兒嘴裡飲著全球馳名的俄國伏特加酒，陶醉在那太陽永不沉落的朗朗乾坤下，當下嬉笑暢言，無拘無束，只覺歡樂無窮。這時候，即便是原本鬱悶的心情，也都會雲消霧散。因為，浮生能得幾回經驗，在「白日」高照下夜遊？

倘若一時間，你無法回到過去，那麼，建議你準備一壺茶或一杯咖啡，設法找出與當時有關的照片。然後，一口咖啡或一口茶，一邊回想當時的情景。這時，你將會驀然進入昔年那美好時空裡。

早期我是這樣訓練自己的，但，如今我已不需要再假借外物，即可隨時進入美好情境裡。其實，只要有心，相信你定然也能做到。

當然，回味往事總是美好的。不過，你還得回到現實的當前。沒錯，或許你的心情可能還未完全釋懷。不過，當下的心緒應該稍微緩和了一些，至少，不會再像先前那麼煩悶了。這時，我的經驗是，設法為未來創造一個美好的憧憬。

例如，計畫在下個暑假安排一趟地中海之旅。想像那會是個多麼浪漫的假期？能將諸多俗務塵事拋開，讓自己徜徉在大自然的懷抱裡，那裡艷陽高掛、藍天如洗、碧海無波、白灘遼落，斯情斯景是何等詩情畫意！

這時，是否幾乎忘了先前的不快？即使，你還得回到現實中，但，想必此刻你的心境，定然比剛才舒暢更多！從而，你對現況已不再排斥，願意腳踏實地面對現實生活——因為，只要忍住這一時困境，你所憧憬的未來遲早會美夢成真！

這個生活中的例子，雖然簡單又平凡，卻充分披露出「活在當下」的真正內涵，以及付諸實踐的可能性與簡易性。坦白說，需要的只是有心、用心，能把它當作一回事，願意實際去行動。真的，雖然你可能一時困陷在痛苦的現實中，但，「活在當下」的心念，可以幫助你飛越在「過去美好的經驗」與「未來希望的憧憬」之間，能讓你從殘酷現實中得到解脫。畢竟，現實只能積極面對它，而不是一味地逃避。

雖然，我們在面對生命的無常與生活的多變時，經常不知所措，而導致內心的無助與苦悶。事實上，如果轉個念頭，我們是可以不必這般無奈與痛苦的。

而想要如此，生活的一些小智慧有待自己去發現，「學習活在當下」便是一例。

過去心不可得，現在心不可得，未來心不可得。

——《金剛經》

7、偷閒行樂去

時下的年輕上班族，對於理想職業的看法，流行著這樣的定義：「事少、錢多、離家近。」對於這樣的看法，我有些見解。

當然，是否離家近？這與住家和工作地點都有關，這要看機緣。但是，既要錢多又要事少，其實是異想天開。因為，天下哪有白吃的午餐？想要錢多，當然需要努力打拚，怎麼可能又會事少呢？

顯然，時下許多年輕人，存在著過度極端的功利思想，以及缺乏務實的心態。不過，從他們對理想職業所提出的條件，也可看出一般人對理想生活所抱持的期待。

其實，「事少，離家近」都意味著，個人可以擁有較多可支配的時間。而「錢多」，則表示有能力去做一些自己想做的事。因此，「事少、錢多、離家近」，若從另一個角度來看，也可以視為「有錢、有閒」。

然而，往往有錢並不一定有閒，有閒卻不見得有錢。而能夠既有錢又有閒的人，當然是讓一般人所羨慕的。不過，這種人又何其少，除非有相當的福報，否則，是很難兩者同時兼而有之。

因此，一般人不是「有閒沒錢」，就是「有錢沒閒」。即便如此，也並非完全沒有機會找到生活樂趣。對於「有閒沒錢」的人，雖然財富不多，但，也不必太感絕望。因為，東坡大師在〈臨皋閒題〉詩中說：「江山風月，本無常主，閒者便是主人。」

除非你是個對物質生活相當重視的「物奴」或「物狂」，否則，很多樂趣的獲取，其實也不一定要訴諸財富或物質的。

蘇東坡就給了我們一個很大啟示，他曾指出：江上的清風、山間的明月，都讓我們「耳聽為聲」、「眼看有色」，而且，它們都是取之不盡、用之不竭的，可作為我們快樂的泉源。

亦即，這些都是大自然免費提供的寶藏，不須付出金錢財富即可獲得。因此，即使是「有閒沒錢」也是可以找到樂趣的。而寄情於山水，便是一個很好的例子！

至於，那些「有錢沒閒」的人，雖然財富不少，但，不免其他遺憾。因為，有錢卻沒有時間花，那麼，賺取這麼多錢，意義何在？充其量，只不過是個「錢奴」而已！

雖然，每個人累積財富的目的不同。但，光靠財富本身是無法創造樂趣的。除非，你能妥善運用財富。因此，「有閒」仍然是個不可或缺的要件。不過，這兒談的有閒，倒也不見得指實質的時間，重要的是「心態上的有閒」。

如果，你能有實質餘裕的時間，當然是最理想了。反之，若工作與生活皆非常忙碌，但，仍然有心想去騰出時間，好讓自己能夠悠閒一番，那麼，這便是相當難得的「心態上的有閒」了。

「偷得浮生半日閒」這句話，大家耳熟能詳吧？

想想，這「半日閒」，居然還必須用「偷」的。可見，人們往往把自己弄得太忙碌了。忙得不僅無心去關懷周遭的人，甚且，也無暇好好關照自己，也就甭想要讓自己的人生更優游自在了！

或許，每個人都希望自己是個「有錢有閒」的人，但，端看個人有無此種福報。如果不成，其實，無論是「有錢沒閒」或是「有閒沒錢」的人，只要心態上能夠有閒，並盡量身體力行，那麼，浮生還是有可能偷得半日閒的。

總之，如果你已學會做個「閒者」，那麼，我恭喜你！

但，如果你仍是個「忙人」，那麼，何妨敞開心靈，讓我們向東坡大師學習，學他那曠達的胸懷——「閒者便是江山主人」！試試，暫時停下忙碌奔波的腳步，抬頭看看藍天，低頭瞧瞧腳邊野草，深呼吸，感受空氣裡淡淡的樟樹香味……。這些，花錢不多，快樂卻無窮。

江山風月，本無常主，閒者便是主人。

——蘇東坡〈臨皋閒題〉

四、師法古哲篇

1、感謝生命中的上師
2、師法東坡大師
3、且學東坡的三好
4、切莫淪為物奴或物狂
5、何妨順天意、歸本性
6、明朝散髮弄扁舟

1、感謝生命中的上師

身處多元化社會的今天，要想成功，雖然不乏機會，但，成功除了看機會外，還得看自己是否具有成功的實力。

當然，實力主要是靠自己培養。不過，如果又有好的老師從旁協助，那麼，成功的機率自然更大。舉凡生命中，有助於我們在待人處事上精進的人，我稱之為「上師」，也可稱他為「善知識」。

進一步說，上師乃指：能夠幫助我們更有效達成理想目標或境界的師者。換言之，一個關鍵特質是，上師能指點我們避開不必要的錯誤。因此，經由他的導引，我們在人生中可以少走些冤枉路。

顯然，人生旅程中，每個人都需要各種不同性質的上師。事實上，從小到大，我們的確也受到不少上師的照顧與護持。

就拿我們的父母來說，便是我們呱呱落地後最先遇到的上師。可別小看這點，他們除了扮演「撫育者」的角色，更是我們人生第一階段的「啟蒙上師」。

然後，隨著年齡增長，每個人在生命中的不同階段，皆會適時地出現不同性質的上師。諸如：學校的老師、工作上的主管、生活中的益友、職場上的先進，或書籍中的古聖先賢……，都曾經或可能是我們生命中的上師。

以我自己的童年為例，就曾經蒙受一位良師的善導，令我終身緬懷不已。事情發生在國小階段。由於自小家境貧寒，加上兄弟姊妹眾多，因而，能夠分享到的經濟資源或父母的照料，自然相對有限。

當時年幼無知，總覺得自己事事不如人，導致心靈受到相當程度的壓抑。直到三年級換了一位新的級任導師，她對我另眼看待，竟然指派我擔任班上的服務股長。

或許這僅是一件小事，但，對我而言卻是意義非凡。它不僅是我自懂事以來（窮人家小孩總是較為早熟），受到的第一個象徵榮譽的肯定。尤其，它打破了我長久以來，抑鬱在內心深處的迷思——認為窮苦就是卑賤。級任導師給予我的肯定，讓我頓然有了自信——原來，窮人家小孩也是可以受到重視的！

自此以後，我受到了極大激勵，盡全力去做好這個職務。當然，接二連三的肯定與獎勵，自不在話下。我變得對自己的家境不再那麼自卑，其實，應該說，我變得對自己更加有信心。甚且，暗中發誓：日後定要讓爸媽以他們的這個兒子為榮。

說也奇怪，當你念頭一轉，信心一旦開啟後，力量似乎源源不絕地泉湧而出。我的人緣愈來愈好，功課也像加足馬力似的突飛猛進。

相信嗎？在那個升學主義的年代（國民小學升國民中學必須參加聯考），我竟然能考上第一志願學校的榜眼（同時，也是母校應屆考生中的第一名）。如此傑出成果，對於幼小心靈的我，無疑是再次的肯定，也為我日後的發展，奠定了一個更加踏實的基礎。

而這一切的一切，真的要感謝我這一位上師。如果沒有她，我恐怕無法這麼快地發現，自己也可以是那麼優秀。若不是她，我不敢想像我會被埋沒多久，才能有出人頭地的一天？

這些，其實是上師不可磨滅的功勞，也是上師的偉大之處——雖僅是那麼一絲的關懷，或只是那麼一時的牽引，但，竟是如此的彌足珍貴！

朋友！你是否也曾經蒙受某位上師的關懷與護持呢？如果有，那麼，恭喜你！同時，讓我們彼此共勉，期望有機會也能扮演別人的上師，去關懷及護持更多需要你關懷與護持的人！

古之學者必有師。師者，所以傳道、受業、解惑也。

——韓愈〈師說〉

2、師法東坡大師

如前文所述，人生旅程中，若幸得師者的扶持，生活的步伐會走得更穩健，生命的體驗也會更臻圓熟。因此，「三人行，必有我師焉」這句話，我非常認同，也經常提醒、策勵自己要身體力行。

其實，能夠成為「我師」的對象，未必僅限於年紀比我們長、學經歷比我們優，或成就比我們高的人。反之，只要對方在待人處事上，有值得我們學習或效法之處，便可主動師法於他。因此，我學習的對象，可以是我的同仁、學生或是後輩。事實上，我的確從這些人身上，獲得了不少寶貴的知識與經驗。

此外，我要特別強調，師者其實未必囿限於當代人，他也可以是過往的古人。我個人就常以古人為師，從而獲得意想不到的收穫。心存感激，藉此，想與大家來分享我個人的經驗。

回首從前，無論是人緣、學業或事業方面，我大致尚稱順暢。不過，生命歷程中，不免也曾遭受某種程度的失意與困頓。幸而，當時能在書中緣遇大文豪蘇東坡，並奉之為為上師。藉其人生哲理悟得一帖良方，終而從當時的困境中得到解脫。

讀者們或許會好奇，我是如何緣遇東坡大師的？

話說從前，在我最感無助及悲怨的那段歲月，因為不知如何排解，遇事總是易怒易炸、怨天尤人，因而常感懊喪與後悔。某日，我在書店閒逛，漫無目的，只想散散心。猶記得，當時隨手從架上拿下一本書，正好是林語堂所著《蘇東坡傳》。

我大致翻閱了幾頁，當時竟然深覺自己的困境，與東坡大師有幾分相似，自比為「同病相憐」。我隨即買下此書，而且當夜便將全書讀畢。頓時，覺得自己找到了知音。日後，更是大肆蒐集與購買蘇東坡相關的書籍。

後來，我擁有東坡相關的典籍，居然有三十冊上下，真可謂「東坡迷」。

針對他的傳記、軼事、詩詞、墨寶、論著等，我都仔細鑽研，而且愛不釋手。當然，在大師日日薰陶、潛移默化下，不僅獲益良多，更重要的是，我走出了陰霾。

其實，東坡最讓我欣賞的是，他能夠秉持曠達的人生觀，努力去實現他如實本我的天性，而且，永遠忠實、從不退讓。

幽默大師林語堂曾說：「今天我們愛蘇東坡，只因他吃苦吃得太多了。」我常這麼想：若拿我所受的苦與他相較，那簡直是天壤之別。而東坡卻能做到——不避人生中的諸多風風雨雨，而且，既能聽任自然又不失樂觀進取。

這樣的精神與態度，正是當時我最感迫切需要的。他的適時出現，對我宛如荒漠中的甘泉，給了我相當的支撐與扶持，感到無比安舒。因此，是東坡帶我渡過黑暗時期，讓我覺察到人生的光明面，從而更有勇氣去面對無常多變的人生，也更有智慧去如實生活，而不再只會自怨自艾。

坦白說，今天我能順利站起來，真要感念東坡大師對我的眷顧。對我而言，他是我心靈上的明燈，亦師亦友。雖然，他是十一世紀的古人，但，卻永遠活在我身邊。相信，有這位偉大智者的牽引，我對生命將更加無懼，對生活也將更覺情趣。

因此，無疑地，三人行必有我師，但，名師的示現，是不為時空所限的。

以上，是我「以古人為師」的個人經驗，如果各位也認同我的想法，那麼，何妨趕緊尋訪你心目中的古人為師。

千萬別忽視這方面的師資來源，因為，他們可都是歷經千錘百鍊的人間塊寶，而且是，取之不盡，用之不竭呢！

世上有一個蘇東坡，卻不可能有第二個。蘇東坡是一個無可救藥的樂天派、一個偉大的人道主義者、一個百姓的朋友、一個大文豪、大書法家、創新的畫家、造酒試驗家、一個工程師、一個憎恨清教徒主義的人、一位瑜伽修行者、佛教徒、巨儒政治家、一個皇帝的祕書、酒仙、厚道的法官、一位在政治上專唱反調的人、一個月夜徘徊者、一個詩人、一個小丑。

——林語堂《蘇東坡傳》

3、且學東坡的三好

自古到今的中外名人，有許多是令人景仰的。而如前文所述，其中我最欣賞的，乃是唐宋八大家之一的東坡大師。

為此，他的生平事蹟，我多有涉獵，也有較深入的瞭解。最特別的是，他是一位不折不扣的樂觀主義者，對生命始終抱持著樂天的態度。

如果你也略知他的史料，便知東坡一生中經歷過無數次的災難與困厄，但，可貴的是，他仍能以「日日好日、事事好事、人人好人」的態度去面對與生活。

我想，對身處多元、功利、現實主義下的現代人而言，這應是相當值得借鏡的心態。

首先，談談「日日是好日」。我們不免疑惑？明明生命無常且生活多變，要如何讓日日皆成好日呢？當然，這必須要有超越現實的胸懷。所謂「好日」，並非一味指完美無缺的日子，也非一味指幸福無憂的日子。

東坡在〈水調歌頭〉裡寫道：「人有悲歡離合，月有陰晴圓缺，此事古難全。」常言也道：

「人有旦夕禍福。」那麼，人生又怎麼可能日日都美滿無缺呢？

因此，所謂「好日」，主要是指「有意義」的日子，至於，是否有意義？每個人的看法自然有所不同，而且也不必一廂情願地與功利思想連在一起。

事實上，一個人若真能安於貧困、安於微賤、安於寂寞，那麼，只要他在生活上感到心安理得，便是有意義，也便是處在「日日是好日」的情境。因此，好日與否，其實只在一念之間，但憑你如何看待！

其次，「事事是好事」。如果你對東坡大師也有些瞭解，你會知道他一生中擁有諸多身分，如書中前文所提，包括：巨儒政治家、大文豪、大書法家、創新的畫家、釀酒試驗家、工程師、佛教徒、瑜珈修行者、法官、酒仙、月夜徘徊者……，真可謂多彩多姿。

甚至，他曾積極煉丹想求長生不老，但也認為，若煉丹失敗，生活中的每一刻依舊美好。你瞧，他一生做過如此多事，雖未必皆成，但總是抱持著積極進取的心態。其實，這即是「事事是好事」的最佳寫照。

顯然，「好事」的界定，應是相對的「有意義」之事，而不能拿絕對的功利、成敗來論斷。

至於，「人人是好人」。這點，難度就更高了。

也許，我們對痛苦的日子，可藉「明天會更好」來勉勵自己。對一些不滿之事，也可藉「事不關己」來打發。但，若周遭圍繞著你不喜歡的長輩、上司、部屬、後輩、朋友，這些人皆非你心目中的好人，那麼，又該如何面對呢？

於此，東坡的胸懷就相當值得我們學習了！其實，他對那些為難和陷害他的政敵也會生氣，但，卻始終無法恨對方。可以說，在他心目中，天下沒有一個不好的人。這樣的氣度與情操，若非天生秉賦善根，相信是少有人做得到的！

我有位學佛修養頗佳的同事，曾經分享我如下觀念：在這一生中我們曾經有緣相遇的人，都是宿世裡曾經有過某種關係的冤親或債主，而透過此生之緣，彼此得以有機會，償還或改善宿世的因緣業力。

如上的觀點，如果你也認同的話，那麼，對於「人人是好人」這種心態的涵養，應該會有所幫助！

我想：在這複雜及多元的二十一世紀，人與人之間的互動，真的很需要更圓融的心胸、涵養。相信，大家若能秉持著「日日好日、事事好事、人人好人」彼此相待與處事，定能獲致一個較有意義的人生，而這社會也或能更加祥和！

總之，人的一生雖不過是「百年三萬日」，但，如果我們心境上能經常切實觀照「日日好日、事事好事、人人好人」，誠然，更有機會鑄造一個較有意義的人生！

蘇軾曾言：「吾上可陪玉皇大帝，下可以陪卑田院乞兒。眼前見天下無一個不好人。」

——賈似道《悅生隨抄》

4、切莫淪為物奴或物狂

我對東坡大師非常景仰甚至近乎崇拜，這是不少親戚、朋友、學生們所知曉的。當然，這是有原因的。尤其，我最敬佩他對生命所抱持的樂觀與曠達。

事實上，我常自勉，倘若我的修為能有東坡的十分之一的話，那麼，我的人生雖不敢言十足樂觀與曠達，但，至少可保證，能減少不少痛苦。

如果你瞭解東坡，應該會認同，他是一個總能讓內心尋得歡樂的人。他自認，能夠如此，主要在於他能夠擺脫外物的主宰，而不受其役使。換言之，要先能主宰自己，進而能主宰外物，既不受其迷惑，更不為其所役使。

此處所言「物」，非僅指狹義之物（如：金錢、財物，或美食、寶器等），亦指廣義之物（如：權勢、名譽、地位或聲色等）。如果一個人無法與物保持適當距離，而全然受其役使的話，那麼，這個人便容易淪為「物奴」。

甚至，一個人若過分重視物的享受，迷戀於物慾的追求，那麼，很可能玩物喪志，此時，這個人更容易淪為「物狂」。

讓自己沉淪為一個物奴或物狂，是非常可悲的，因為，他已迷失了自己。不僅，無法主導自己，甚至，甘為外物所主宰。試想，這樣的人如何安立於社會？

別忘了，這是個既複雜又多元的社會，在生活中，不免與五花八門的事物相關。如果，自己把持不住，輕易地淪為物奴或物狂，那麼，即使再高尚遠大的理想或抱負，也是難以恆久堅持！如此，這人生又如何能有一番作為呢？

新聞曾報導，一個成功企業家，早年白手起家、屢創佳績，可謂名噪一時，並傳為美談。當時，也曾讓許多年輕人以他為學習楷模。沒想到，後來或許因為年少得志、得意而忘形，以致很快便沉淪於錦衣玉食、紙醉金迷的生活，而不復當年清俊模樣。

漸漸地，他的聲望與商譽，為之一落千丈。甚至，也波及當初辛苦創立的事業，終至一蹶不振。無疑地，這是典型的物奴與物狂的落魄寫照，也是當今功利社會下的產物。不幸地，這種案例還處處可見呢！

令人憂心的是，在這二十一新世紀，社會的這種現象卻愈演愈烈。或許每個人都有其偏愛的生活方式，理該尊重。不幸的是，過度奢侈的拜金生活，正像一撮加了酵的麵糰，在社會各個角落逐漸發酵，其敗壞人心的影響力不斷加速膨脹，毫無減緩跡象。

今天，在我們周遭，功利以及物化的社會現象處處可見。甚至，向來以純樸見稱的寶島台灣，已逐漸淪為「貪婪之島」。嚴格說來，都是這種風氣下的產物。

所幸，社會中還是不乏有心人士，挺身衛道。例如，公共衛生意識抬頭，很多地方都在推行戒煙運動，勇於向抽煙說「不」！

而為了自己及下一代著想，我們是否也該學著向物奴與物狂說「不」呢？

當然，想要期望成真，絕非容易之事。誰叫我們的社會，已被大大小小的物奴與物狂，污染得如此深重！

然而，社會的改善運動，永遠不嫌太晚。如果，我們的達官、貴人、商賈，以及巨富們，能夠帶頭推行「清心」與「寡慾」的生活方式，那麼，這社會或許有希望再次展現，生命中無窮的更新力與再生力。

因為，「清心」可以不做「物奴」，而「寡慾」可以不做「物狂」。重要的是，要想達到如此樸實良善境界，必須靠社會中每一分子的共同努力！

淨洗鐺，少著水，柴頭罨煙焰不起。待他自熟莫催他，火候足時他自美。黃州好豬肉，價賤如泥土。貴者不肯喫，貧者不解煮。早晨起來打兩碗，飽得自家君莫管。

——蘇東坡〈豬肉頌〉

5、何妨順天意、歸本性

回顧我生命的過往，無論人生觀或生活態度，都受到東坡大師很大的影響。尤其近中年時期，工作與事業皆充滿挑戰，也遭遇過不少困境與挫折。所幸，蒙受東坡大師人生智慧的啟迪，終能免於墜入難以自拔的深淵！

想起當年，在面對殘酷現實而難以脫困時，內心盡是無助、無奈與失望。而徜徉在東坡的人生哲理中，我找到了生機。慢慢地，能夠體悟到「順天意」的必要性。漸漸地，也學會了「歸本性」的必然性。

先談為何要順天意？事實上，「人定勝天」這句話，我個人並不太認同。

或許我們可以有向天挑戰的鬥志，但，卻是很難勝天的。否則，人哪有再提升、再精進的空間呢？此話之意，其實在勉勵我們能夠不畏艱難、再接再厲。換言之，要「盡人事」；但，在盡人事後，也別忘了要「聽天命」。

因為，人的一生本是由成敗、得失、榮辱、喜怒、哀樂等諸多因緣組成。正如日月有陰晴圓缺、四季有春夏秋冬一般，皆屬稀鬆平常。我們若能接納這個觀點，那麼，凡事成功了固然可喜，即使不幸失敗了，也不致太大痛苦。這，即是「順天意」。

此話聽來易懂，但，實踐起來，卻不是那麼容易。為了力行此種人生態度，妻很熱心，還特地請名家幫我寫了一幅東坡大師的〈定風波詞〉字畫，將它裱掛在客廳牆上，目的是希望我藉此能夠時時提醒自己。

剛開始，還真是一日看三回呢！每每，我端視它，或靜思，或念念有詞。我尤其欣賞該闕詞中「誰怕？一簑煙雨任平生」、「歸去，也無風雨也無晴」這兩句。

東坡展所展現的曠放、達觀，以及不避風雨、接納自然，那種淡泊人生的情操，真是深深吸引了我。雖然，明知自己是難以望其項背，但，誓願以他為我終生導師。

除了前述「順天意」外，其實，東坡的「歸本性」更是值得我們效法！

早年，坊間出了不少有關「善待自己」或「做自己的主人」的心靈雞湯書籍。我認為，雖然如何善待自己或做自己的主人，可以憑藉的方式不少，但，最關鍵者，其實在於我們的心態，該如何做到「歸本性」？

而東坡就是一個很能忠於自己本性的人，他的一生，無時不在扮演本性的他自己，而且，身兼編劇、導演於一身。此點，著實令人羨慕又嫉妒！反觀自己，有太多時候扮演著別人心目中的我，卻又難以自拔，真是無奈又慚愧！

坦白說，真希望自己能有東坡大師十分之一的修養。雖然，「順天意，歸本性」的涵義不難理解，卻是「知易行難」。畢竟，它總讓你感到心有餘而力不足！

正如同〈定風波〉詞的字畫，在客廳一掛就是好多年。原本，希望在有些心得與著力後，便將它取下換上別的字畫。沒想到，心性的修養竟是如此不易。話雖如此，即使讓它掛上一輩子，我還是會持續努力的！

不得不承認，多年來，在體悟人生哲理的路上，我如同瞎子摸象般，走了不少冤枉路。因此，總希望把自己的一些心得與有緣人分享，期能助其得事半功倍之效。

真的，人生底事諸多辛苦。一個人只要已經盡了力，那麼，便該試圖調整一下心態：「對外要順應天意，不要和老天過不去」；同時，也別忘了，「對內要依歸本性，不要和自己過不去」。

試想：一個人的生命中，如果能夠既不和老天過不去，又不和自己過不去，那麼，生活必定能夠過得更瀟灑、更自在！

清夜無塵。月色如銀。酒斟時、須滿十分。浮名浮利，虛苦勞神。嘆隙中駒，石中火，夢中身。雖抱文章，開口誰親。且陶陶、樂盡天真。幾時歸去，作個閒人。對一張琴，一壺酒，一溪雲。

——蘇東坡〈行香子‧述懷〉

6、明朝散髮弄扁舟

假日或閒暇時，我喜歡看些與生命意義或生活智慧相關的書籍，通常，愈簡單淺顯、愈富哲理的，愈容易觸動我。例如《古詩十九首》其中一首云：「人生不滿百，常懷千歲憂。」這句話，就深深影響我，經常拿它來砥礪自己，凡事切莫過度煩惱，切勿杞人憂天！

的確，人生最長壽命也不過是百年三萬日，何況，多數人是不滿百歲。然而，我們卻經常為千年後之事擔憂，豈不自尋煩惱？

好像人的一生，在不同階段，有解不完的憂，有消不完的愁。有了功名，遺憾財富不夠；有了財富，卻又抱怨少了名位。甚至，有了名位，也擔心樹大招風；而有了財富，卻又煩惱怎樣才能富貴傳家，千年萬代。

如此，得意也愁，失意也愁；東愁西愁，這愁那愁。好像，這個人生是為愁而來的，真所謂「怎一個『愁』字了得」。

甚而，本該無憂無慮的少年，也加入了「愁」的行列。大家一定不陌生辛棄疾的〈醜奴兒・

書博山道中壁〉詞：「少年不識愁滋味，愛上層樓，愛上層樓，為賦新詞強說愁。」

顯然，生命裡、生活中，似乎很難遠離「愁與憂」，那麼，該如何「消愁與解憂」，似乎是人生中的大事。

然而，長久以來，人類對於這件大事，可也沒有多大進展。老祖宗們也沒給我們太多解答，只留下一些發人深省的告誡。例如詩仙李白即有詩云：「抽刀斷水水更流，舉杯消愁愁更愁；人生在世不稱意，明朝散髮弄扁舟。」（〈宣州謝朓樓餞別校書叔雲〉）

如此看來，想要解憂與消愁，光想借酒來消解是不可能的，因為，只會引來更多的愁緒。這點，奉勸癮君子們，要特別自我警惕、省察。

不過，我倒是滿欣賞其後兩句：「人生在世不稱意，明朝散髮弄扁舟。」說實話，人生在世不滿百年，能夠真正稱心如意的又有幾人？換言之，多數人是不得意的。那麼，從另個角度看來，少數人的稱意實屬異常，而多數人的不稱意反倒是正常呢！

這種說法，是不是一種善解呢？因此，其實也就無須為此舉杯消愁，而讓愁上加愁了！既然，「人生在世不稱意」是一種常態，那麼，何妨瀟灑達觀些，效仿李白的曠放，學那「明朝散髮弄扁舟」，與江河湖海為伍，瀟灑看淡人生，或能稍解千愁。

我有位企業界朋友，年紀小我約三歲，很早就在商場得意、事業有成。然而，他告訴我，並不快樂。原因是，公司雖營運不錯，也很賺錢，但，經營管理人才不足，只能累死老闆。如此事必躬親，天天搞得身心俱疲，苦不堪言，根本無法過他自己想過的生活。

這即是前述所謂「得意也愁」的典型人物。

不過，由於他出自農家，性喜自然，因此，每當心煩意悶時，他便走入山林，暫離塵囂。藉此，洗滌心靈，調整心緒，因此，倒也過得尚稱自在！我想，這應是一個能夠力行「人生在世不稱意，明朝散髮弄扁舟」的成功範例。

坦白說，人的生命中難免會有一些無奈，生活裡也多少會有些煩憂。甚至，也可能一時苦到極點而難以排遣。然而，諸多類此遭遇，都是生命的本然，也是生活的必然。我們無從迴避，也只能鼓起勇氣、憑藉智慧去面對！

顯然，我們必須捐棄「人生不滿百，常懷千歲憂」的錯誤心態，並充分認知「抽刀斷水水更流，舉杯消愁愁更愁」的正確觀念，然後，身體力行「人生在世不稱意，明朝散髮弄扁舟」的瀟灑風範。

倘能如此，這人生或可不必那麼多「愁與憂」！

漁父飲，誰家去？魚蟹一時分付。酒無多少醉為期，彼此不論錢數。
漁父醒，春江午。夢斷落花飛絮。酒醒還醉醉還醒，一笑人間今古。

——蘇東坡〈漁父〉

五、內省出世篇

1、諸法無我，諸行無常
2、相信人生的甘苦浮沉
3、得之與不得皆因緣
4、後腳放，前腳才能行
5、遺忘的不思義功效
6、學習面對孤獨
7、簡樸、輕鬆過生活

1、諸法無我，諸行無常

自從年歲漸長之後，總會不自覺地思考，舉凡生命哲理或生活智慧的相關問題。驚覺，過去長久所執的既有觀念，有些竟然是近乎幼稚，甚而錯得離譜！

我常想：這些生活哲理或生活智慧，難道非得付出泰半青春歲月，或務必在社會中歷經諸多挫敗後，才能有所體悟？我不知別人是如何，而我確實是如此。但，總覺得此事似乎不該如此！

問題重心即在，我們能否無須經歷多次重蹈覆轍的失敗，即能以更有效率的方式，去面對人生的諸種挑戰？這是值得我們深思的好問題！

回想自己從前，雖然自小家貧，但，由於品性乖巧，學業優異，因此，頗有同學緣、老師緣，以及長輩緣。套句現代人慣用語——就是人氣王。總覺得周遭人疼我、愛我，讓我有「以我為中心」的錯覺，以為這世界似乎應是「諸法『有』我」。

再加上我資質尚稱不錯，只要稍加用功，即能名列前矛。而人緣既不錯，有事請託他人，也都頗為順暢。換言之，無論是待人、處事，當時可說無往不利，更令我逐漸相信，這世界似乎應是「諸行『有』常」。

坦白說，早期的這些平順，未必全然是福，對我其實是另一種誤導！

當我漸次長大成熟，才發覺，這世界並不如我想像中的「諸法有我」。我，只不過是娑婆世界中的一小分子。這世間的一切遊戲規則並非為我而設，如果我要參與這些遊戲，就必須遵守它的規則，否則終將被淘汰出局。

甚至，這些遊戲中，多一個我或少一個我，其實都影響不大——因為，所有的遊戲仍會照常運作。易言之，這世界原本即是「諸法『無』我」。

同樣地，我年齡愈長，就愈加認知、認同，這世界絕非我想像中的「諸行『有』常」。

雖然，每場遊戲皆有其規則，但，遵守了規則，並不保證就能得到預期的成果。因為，宇宙中任何事、任何物，皆依循著相待的時間與空間而交互作用，並且，作用中的關係與條件，也隨時都可能出現變化。因此，這人生，其實原本就是「諸行『無』常」的。

回顧自幼至今，我對人生觀所抱持的態度，從過去的「諸法『有』我，諸行『有』常」，到今天的「諸法『無』我，諸行『無』常」，這些觀念之遷異、變動之劇烈，影響了我日後待人處事的原則，這些都是年輕時所始料未及的！

然而，經歷這些變遷與影響，又是何其費時、費心與費力——從誤解、乍醒、摸索、到漸悟……，過程中，不知歷經了多少無知、躑躅，而後才漸次自覺、篤定。至今想起，仍然深覺得來著實不易，而且，慶幸自己能有如此福分與機緣！

於今，就此福分不敢藏私，願與大家分享。尤其，更希望將此經驗，提供給年輕朋友，盡量避免重蹈覆轍，並及早體悟出一個真實的人生。其實，這也是我著手寫作本書的目的之一。

總之，我們自小至大，習慣以「我」為中心，去思考，去行事，去期待，也去評價。亦即，「我執」之心主導了一切。這樣的心念，撞見了「諸法無我」的世間現實，便注定了不可避免的失望與挫敗的心境。

此外，我們往往也習慣以「恆常」作為行事的依循，殊不知人間諸事本是「無常」，生活也盡是「多變」。若總是執著於恆常的企盼，必然墜入失意的輪迴而難以自拔！

顯然，上述的世間事實與哲理，我們都該認知並學著去接納。倘能如此，人生或可不必那麼悲觀，也或能更自在些！

諸佛法印有三種：一者，有為法，念生滅皆無常；二者，一切無為，念不生皆無我；三者，寂滅涅槃。

——龍樹菩薩《大智度論・卷二十二》

2、相信人生的甘苦浮沉

眾人耳熟能詳的一句話：「月有陰晴圓缺，人有旦夕禍福。」相信大家皆能琅琅上口。或許，上半句多數人都能接受，因為大自然運行本就如此。然而，後半句則不然。雖然也會認同它的道理，但真正事到臨頭時，可能又是另一種心態。

因為，人若遇到幸運或吉祥美事，總是歡歡喜喜，欣然接受，並視之為理所當然。反之，若是禍害或倒楣的事降臨時，則往往產生抗拒、排斥心理，不肯面對現實，滿心茫然不解：這種事怎會發生在自己身上？甚至，埋怨上蒼何其沒有天理。會有諸如此類的反應，其實也是一般人常有的心態。

事實上，若能認同「月有陰晴圓缺」，理該也能接受「人有旦夕禍福」才對。我以為，不能接受是因為沒有全然瞭解，或雖能瞭解，但並未徹底覺悟。更何況，一般人總是「知」是一回事，而「做」又是另一回事。

經常可見，雖「知易」卻「行難」。而人生在世，無論是待人、處事，我們經常不自覺地陷溺於「知易行難」的輪迴中。雖然，「人有旦夕禍福」看似無常，其實和「月有陰晴圓缺」一樣，都是稀鬆平常，都是無常之常。但，大家始終無法欣然接納這個事實。

舉例來說，若把人比擬成月亮，而把人生看成月亮的運行，那麼，既然月亮的運行會有陰晴圓缺，則人生之旅中，會有「甘苦沉浮」，是否也應屬自然之理？

這個簡單道理若能深入體悟，那麼，對娑婆世界的諸種現象，如：成敗、得失、榮辱、盛衰、聚散、存亡、福禍，以及進退等人情事故的浮沉交替，在感受上將會更易認同，進而欣然接受這些種種生命現象的必然性。

我必須坦承，雖然我能談出這些道理，但，未必表示我已經徹底做得到平常心以待。畢竟，它還是屬於一件「知易行難」的事。

憶及往事，前文亦曾提及，我在三十一至四十歲的黃金歲月中，曾被無情挫折幾乎摧毀了我的信心與鬥志，也塑造了一個易於怨天尤人的我。當時，我根本無法體悟這個簡單的大道理，因為，在那之前的順境早已沖昏了我的理智。

對向來一帆風順的我，又怎肯輕易相信，命運之神也會棄我而不顧？直到經歷了那刻骨銘心的十年折騰，才徹底地讓我不得不相信，「甘苦浮沉是人生」的事實，而逐漸接受，這生命中本該如此的世間現實，並在它的洗禮下漸次成長、茁壯。

猶記得，那難忘的十年，多半時間我面對的是運氣逆轉、「甘盡苦來」的折騰。換言之，我的生活中充滿著失意、鬱卒的陰影，心結像是永遠解不開似的。內心極度渴望著何時能「否極泰來」？然而，黑夜竟是如此漫長，無奈與無助窒息了我的內心，我幾乎絕望到瀕臨放棄的邊緣。

而何其有幸，後來的我忽然靈光乍現（或許是「頓悟」吧？）。我決定欣然面對命運，不再抗拒它。並試圖說服自己，我以前已享有過順暢時光了，這一時的失意、困頓僅是過渡，只要能堅持到底，總會有「苦盡甘來」的一天。

後來，證實我的想法與做法沒有錯，我確實走過來了！

誠然，沒有人的一生永遠是順遂的。事實上，任何一個時間點，你若非處在「苦盡甘來」的階段，就是穿梭在「甘盡苦來」的過程中。

人生，並沒有完全的「甘」，也沒有絕對的「苦」；不是「甘苦參半」，就是「甘苦浮沉」。這樣的人生，才是真實的人生。

每個人都要相信這簡單的大道理，並欣然接納它！否則，痛苦將會陪伴你一生！

心似已灰之木，身如不繫之舟。問汝平生功業，黃州惠州儋州。

——蘇東坡〈自題金山畫像〉

3、得之與不得皆因緣

在近代作家中，徐志摩是少數我喜歡的文人之一。像〈偶然〉、〈我所知道的康橋〉，以及〈再別康橋〉等散文詩詞，都是讀者耳熟能詳的經典之作。尤其，他對愛情觀所抱持的浪漫、唯美、執著，更是令人印象深刻。

大家對這句話一定不陌生：「愛情，得之，我幸；不得，我命，如此而已。」據瞭解，這話取自他在寫給梁啟超的書信中，曾提及：「……我將於茫茫人海中訪我唯一之伴侶，得之，我幸；不得，我命，如此而已。」

這種「不得，我命」的情操，何等瀟灑！這種心胸，又何其曠達！這是真正悟透人生無常以及生活多變的人，才能夠觸及的境界。當然，一般人是不容易做到的。尤其對愛情，更是困難！

莎士比亞曾說：「愛情有如雨後的陽光，令人舒適、清新。」他如實地闡釋了愛情對一般人生命的正面意義，而令多少人對愛情的追求如癡又如狂！

然而，他也曾說：「在愛情道路上，永遠不會是平坦的。」這又道出愛情這條路，注定要布滿荊棘與蒺藜，容易受傷，遭遇挫折，只是，每人的命運不同，其所承受的程度也不同而已。

更教人感到無奈的是，莎士比亞又說：「癡人求愛，如形捕影，瞻之在前，即之已冥。」（莎翁喜劇《溫莎的風流婦人》）這也是一般人對愛情，既愛之又恨之的最主要原因。亦即，愛情雖甜美，卻又難以掌控。幾乎很少人能在事前確知可以擄獲愛情，除非他已真正得到。

其實，這也是愛情令人著迷之處。如果，它是如此易得，也不會讓這麼多人樂此不疲了。就此，即使是王公貴族，愛情也絕非唾手可得之物。那麼，前述徐志摩「愛情，得之，我幸；不得，我命，如此而已」的愛情觀，應是每人所該學習的！

早期我在大學教書，學生們正值青春年華，因此，總會有一些大學生或研究生來找我，請教我有關感情的問題。曾經就有位男同學失戀了，為了感情上的創傷，令他無心課業，甚至飯不吃、茶不飲的。

當時，我乍然看到他，著實嚇了一跳，真有那麼嚴重嗎？竟然會讓他如此消沉、無助！不過，想起自己也曾經年輕過，失戀的滋味，的確不好過！

因此，我決定將心比心，好好安慰他，開導他。我以自己過去的經驗為例，教他如何試著看淡、放下的幾種方法。在經過一段時日的調適後，他也確實釋懷了許多。多年後，他結了婚，成為兩個孩子的爸爸，而且，事業也頗有成就。

那麼，如何能夠超越愛情的束縛，並瀟灑地說「不得，我命，如此而已」呢？莎士比亞的這句話，或可做個參考：「如果愛情虐待了你，你也可以虐待它；而如果愛情刺痛了你，你也可以刺痛它；如此，你就可以戰勝愛情。」（《羅密歐與茱麗葉》）聽來似乎有些道理，以其人之道，還治其人之身。如果你不很在乎它，那麼，它對你也真的莫可奈何！。

因此，要克服愛情的蹂躪，就不能太在乎愛情的得失！問題是，一般人都太在乎它了。那麼，如何能夠不太在乎呢？

我建議年輕朋友們，盡量學習、培養瀟灑的心態。當然，這不容易。但，如果不能一步到位，至少也試著從「故作瀟灑狀」開始。慢慢地，一回生，兩回熟。根據我的觀察，多少一定會有幫助的。

畢竟，一切都是「因緣」，「愛情，得之，我幸；不得，我命」本是天經地義的事。其實，大家都心知肚明，只是不肯面對現實罷了！

人生，就是緣起緣落，緣生緣滅，緣聚緣散，世上萬事皆因緣起，也因緣落，不必強求。緣起，我在人群中看見了你，緣散，我看見你在人群中。

——弘一大師李叔同語錄

4、後腳放，前腳才能行

在我的年輕歲月裡，曾有一句話令我記憶深刻：「前腳走，後腳放。」猶記得，這話引自證嚴法師的開示語錄。雖是寥寥簡單六字，但，卻頗富深義，對當時年紀尚輕的我，產生了極大影響力。

每每在細嚼深思此話後，讓我更有勇氣去面對無常的生命、多變的生活，也更有信心踏穩腳步、邁向未來。

通常，多數人善於念舊。對喜愛的人或美好事物，總是再三緬懷。即便是討厭的人或不喜愛的事物，也不肯輕易忘卻。滿腦子活在過往的記憶裡，既傷神又不切實際。雖然我們明知這是不智的，卻又日復一日地重蹈覆轍。

其實，並非我們沒有能力洞察真相，而是我們無意跳脫慣性的牽引。正如同我們並非不懂遵守交通規則的重要性，而是，多數人主要還是在乎「違規會受重罰」，才被動地去遵守交通規則。

依此類推，倘若我們明白一味地緬懷既往、活在過去，將會造成嚴重的惡果，或不利於未來生命的展現，那麼，應該就沒人會選擇停留在過去。唯有如此，每個人的未來也才會更具希望。

然而問題在於，很少人會真正去思索這層道理，而多半把心思沉溺在喜悅或哀傷的漩渦裡，終至難以自拔，就甭談要如何跳脫了！不幸的是，多數人習慣於如此思維，這也幾乎是人類的通病。無怪乎，人類整體的成長，需要付出超乎我們想像的代價。

事實上，人的許多惡習是可以不必重蹈覆轍的——祕訣在於，我們能夠靜下心來，認真思考一些智者的話，並腳踏實地努力去實踐。

就拿前述證嚴法師的話為例，便是生活中非常受用的箴言。如果我們真的認同，那麼，實在沒有理由任其「左耳入，右耳出」吧？

早些年，一位生性相當樂觀的表親，在股票市場投入大筆資金，當然也賺過不少錢。後來景氣變差，虧了不少。我問他，有何打算？他仍不改先前樂觀心態，認為賠都賠了，他也認了。不過，對於未來，他還另有更遠大的計畫，會全力以赴的。

試問，我這位表親是不是典型的「前腳走，後腳放」的代言人呢？

倘若，他雖另有長遠計畫，但對於過去的巨額財損，仍耿耿於懷的話，那麼，他未必真能全力以赴。如此，即使計畫再好，也無濟於事。所幸，我這位表親能夠洞悉個中妙理，做了明智的抉擇。經過一段時日的努力後，他果然又東山再起！

這只是個簡單的例子，卻蘊藏著一般人未必會關注的小智慧。我們若能善用並附諸實踐，成功的機會應該會有很大的提升！

其實，這道理是淺顯易懂的。就如同平常走路一樣，身體要能向前走的話，除了前腳要往前跨，後腳跟也必須同時抬起，否則相互牽制之下，必然跌跤。

我們的人生亦如是，雖然不如意事十之八九，也無須過度追究過往不如意憾事，或長期耿耿於懷，陷入悔恨與悲傷的漩渦中。否則，自己的一生又該如何自拔？

總之，切忌執著於過去無意義的追悔，因為，這不僅會讓你失去稍縱即逝的現在，而且，也會影響你對未來所期待的希望與信心！

念念之中，不思前境。若前念今念後念，念念相續不斷，名為繫縛。於諸法上，念念不住，即無縛也。此是以無住為本。

——《六祖壇經‧定慧品第四》

5、遺忘的不思義功效

我的記憶力向來不錯，即便今天年事已長，但，記性仍然不差。妻就非常羨慕我這份能力，因為，她是屬於大而化之、不擅記事的類型，做起事來，經常落三忘四的。

起初，我對她不免有些微詞，認為她處事不夠嚴謹、稍嫌鬆散。後來，反而漸漸羨慕起她來了。因為，發現她的日子過得比我還自在。反正，工作上過得去，生活上也相對少煩又少憂。

反觀我自己，記憶力甚佳，反而容易操心過度、煩惱過多。結果，許多事情都必須自己攬來做。這正符合了「能者多勞」，但，坦白說，辛苦都是自找的！

其實，上天賜給我們許多寶貴的禮物，其中之一便是「遺忘」。

只是，我們太強調「記憶力」的好處，卻反而忽視了「遺忘」的功能與必要性！

就以失戀為例，既已成事實了，總不能一直躭溺在鬱卒、消沉的心境裡，反而必須盡速遺忘，重新振作。又，股票失利導致金錢虧損，當然心情苦悶，此時，唯有遺忘它，然後另尋成功途徑。

再者，期待已久的職位升遷，人事異動名單發布後，發現竟然不是你自己！當下情緒之低潮可想而知。而解決之道無它——只有勉強自己遺忘它吧！

「遺忘」在生活中有多麼重要，可想而知！

話雖如此，想要遺忘卻不是想像中那麼容易。遺忘是需要時間的，只不過，如果你連想要遺忘的意願都沒有，那麼，時間再長也是無濟於事。因此，想要遺忘不如意，「意願」是首要條件！

通常，我們很容易遺忘歡樂的時光，但，對於哀傷痛苦的經歷卻總是忘不了，這是對遺忘哀愁的一種抗拒。換言之，人們較容易忘卻生命中美好的一面，但，對於痛苦的記憶，卻總是刻骨銘心忘不了。何以如此？難道，我們真的如此愚昧笨拙？

非也，當然不是！關鍵在於我們既有的的習氣與執著，很少靜下心來，檢視自己那些我們已經擁有或曾經擁有的美好，而總是專注在自己失去的或欠缺的部分。這樣的心態，當然限制了遺忘的能力！

年輕時，食品路老家附家住著一位長輩鄰居，當年他已經高壽九十二歲，可說是人瑞級的長者。他的身體相當硬朗，見到他時，也總是笑口常開。

某日，正好看到他在附近散步，我隨步上前問候他。寒暄幾句之後，我忍不住開口請教老人家：「您為何總是能保持心情愉快、笑口常開啊？」他微笑著回答我：「要學會『遺忘』。」我接著追問：「為什麼？」他說：「如果遺忘，能讓你笑口常開，而記憶，卻讓你痛苦，那麼，你會選擇何者？」

答案當然是前者了！但是，該如何做到呢？

熱心的他，又鼓勵我說：「別擔心做不到，勉強可以成習慣，而習慣會成自然的，只要有心，時間會站在你這邊的！」

我無從反駁他的話，因為，他一生的經歷就是活生生的例證。對於這樣一位長者兼智者，你只能敬佩他，並向他學習！

可不是？我們這一代人，好像個個都太精明了，無論是待人、處事，很少檢討自己的缺點，而總是記得「對方的不是」與「自己的欲求」。其實，到頭來，很少能夠完全如願的——因為，人的自私心態，造成了人際間的相剋、互斥。

如果，社會中每個人，都能試圖將對方的不是以及自己的欲求，盡量淡忘、遺忘，並多加檢討自己、改善自己，那麼，彼此之間就可能轉化為互補關係，從而發展出雙贏的圓融關係。這，才是我們所樂見的世間！

我相信，人人都非常希望重新見到，過去那種不是那麼功利主義的暖心社會。

想要如此，必須大家都肯各讓一步、願意放下身段，一同來學習適時、適度地「遺忘」——

遺忘那些該遺忘的人、事、物。

莫思向前，已過不可得；常思於後，念念圓明，自見本性。

——《六祖壇經・懺悔品第六》

6、學習面對孤獨

猶記得幾十年前，有一齣非常有名的港劇——《楚留香》，是古龍武俠小說改編而成的連續劇。當時風靡全台灣，幾乎是家喻戶曉，盛況空前。左鄰右舍只要提起楚留香這號人物，絕對是無人不知、無人不曉。

當時的我尚屬年輕，自然也是這部連續劇的愛好者。雖然已經事隔數十載，但，記憶依然清晰。尤其，最是欣賞主題曲中的一句歌詞「千山我獨行，不必相送。」這身段，何其灑脫？而這胸懷，又是何其超俗！

這也令我意識到，人是否也應該學學如何獨處？

因為，人一生中不免要面對一些孤獨時刻。如果平常沒有練就獨處的素養、能力，一旦掉入孤獨窘境時，便很難跳脫，甚至，陷入另一個惡性循環而難以自拔！

君不見許多知名影歌星，當其大紅大紫時，榮耀輝煌，光芒璀璨，觀眾吹捧，掌聲不斷，讚語不絕；此時，「孤獨」對他而言，只是個陌生語詞。直到有一天，其聲名逐漸被新秀們掩蓋，光芒消散，掌聲不再，甚至不得不黯然告別舞台；那時，「孤獨」卻是最常在他身旁的伴侶。

因此，我最佩服那些能夠見好就收、急流勇退的藝人，因為，他們選擇了在最有能力面對孤獨時，去學習如何漸漸走向獨處。

相反地，有些政治人物、運動明星，往往過度眷戀成功的幻境、暫態，以為盛況可以無限維持。殊不知一切生命現象（包括事業生涯）皆有它的常規——無所謂永遠的高峰，當然，也沒有永遠的低潮。

如果，漠視此種現象、常規，而做出一些徒勞無益的抗拒，我想，結局通常不會太理想。因此，我以為，美國NBA超級籃球明星喬丹，選擇在他事業的高峰退出，實在是一件明智之舉！

然而，在政壇上能展現如此風範的人，雖有，但並不多見。尤其是近代，更是屈指可數。這就注定了許多名噪一時的政治人物，一旦失去了權勢、掌聲之後，終至鬱鬱寡歡，失意又失志，十分不堪！

其實，人生運勢的發展，有起有落，本是常態。

而生命的展現，由絢爛到沉寂，也是正常現象。我們無法永遠期待著：成功常伴身旁、歡樂常相左右、至親好友常隨在側。這些好景雖然可能，但，都只是暫態，絕非長期可以掌控的！

反之，當我們面臨失敗、哀傷、離群時，孤獨佔滿了心靈空間。我們開始感到無助，同時，恐懼也漸漸侵蝕我們的信心。但是，日子依然留待我們去面對。諸此生命歷程中常見的遭遇，我們該憑藉什麼去化解呢？

這時，唯可仰賴的，也只有獨處與自處的能力了！

如果我們仔細省思，當生命呱呱落地時，我們是獨自一人來到這世上，而走到生命盡頭的那天，我們也將獨自一人離去！

沒錯，我們每一個人都是「獨自來」，也都是「獨自去」！

因此，生命的開始或結束，其實，孤獨都不曾遠離過我們。而這現象，是生命特質的本然。那麼，孤獨又何懼之有？

如果，在生命的歷程以及生活上的許多時刻，我們都能夠勇敢面對孤獨，把孤獨視為常態，把獨處視為對生命及生活的挑戰，那麼，我們將會更有能力，去面對這無常的生命以及多變的生活！

想要如此，「千山我獨行，不必相送」這樣的胸懷，會是一個很好的依怙！

人生休說苦痛，聚散匆匆莫牽掛。未記風波中英雄勇，就讓浮名輕拋劍外。千山我獨行，不必相送。

——黃霑詞〈楚留香〉

7、簡樸、輕鬆過生活

西方哲人文豪中，莎士比亞是國人較為熟悉及景仰的名人之一。因為他的思想富有耐人尋味的哲理，而且，與日常生活甚為貼切。

他曾在某本著作中寫道：「讓我扮演一個小丑，在嘻嘻哈哈的歡笑聲中老去；此外，寧可用酒去溫暖腸胃，也不用悲哀的呻吟聲去冰冷自己的心。」

你瞧，多麼簡淺又平實的生活哲學！他提醒我們，作為一個人，要以輕鬆的態度去過生活，而不要苛刻待己，跟自己過不去。

這又讓我想起蘇東坡，這位曠放豁達、樂觀自在的生活大師，曾經指出：「要以嚴肅的態度對待人生，以輕鬆的態度對待自己。」的確，生命寶貴，人生短暫，當然不能得過且過，輕忽隨意。

何況，人生如此無常又多變，生活中不免遭逢一些挫折或失意。此時，如果只能以無奈的心境去面對，那麼，這樣的生命何有情趣可言？反之，若能以輕鬆態度去應對，方為明智之舉，也是務實之道！

就此，該如何以輕鬆態度去生活呢？當然，這就因人而異了。

且以我為例：喝一杯自己研磨、沖煮的單品咖啡，或拉著家裡的哈士奇雪橇狗上山走走，或晚餐時與妻淺酌一杯白蘭地，或騰些時間寫點小品文章，或每年寒暑假與家人出國旅遊，或睡前吟幾首古人詩詞，或偶爾在KTV高歌一曲等。

這些對我而言，都算是「輕鬆態度過生活」的不同細節內容。不過，我以為，該做些什麼倒在其次，最重要的，還在於自己有沒有意願、心態。如果有，那麼你生活的態度，自然也就會輕鬆起來。

顯然，充分認知輕鬆過活的必要性，以及想要輕鬆過活的意願、心態，這些才是不可或缺的關鍵要素！

猶記得一位好友，是服兵役時的同僚。他家境相當不錯，本身也很會理財，大學又讀了名校。服完兵役後進入了銀行界，經過數年的歷練，堪稱學經歷俱佳。自此，職崖一帆風順，很快就高升襄理。可是，這位老兄升遷不久之後，竟然提出了辭呈。

他的決定，讓大家感到非常納悶，我當然也很疑惑。他卻莞爾地回答我說：「過去太忙碌了，今後，我只想輕鬆些過日子。」一只想輕鬆過日子？若不是八字特別好，哪來這種命？當時我作如是想，可是，後來卻愈加欽佩他！

可不是？一個人能在事業蒸蒸日上時，卻選擇了急流勇退。這證明了，他充分認知輕鬆過活的必要性，而且，有輕鬆過活的意願、心態。這點，確實值得處在忙碌生活中打轉的我們，好好省思並向他學習！

曾在《華嚴經》裡讀到：「一花一世界，一葉一如來。」而《禪說》則曰：「日日是好日，夜夜是春宵。」這種境界，若不是以「輕鬆態度過生活」，其實是不容易達致的。顯然，「輕鬆態度」是關鍵所在。那麼，該如何才能輕鬆呢？

東坡大師推崇「簡樸的生活」，即可借鏡。簡者，單純也；樸者，自然也。如果生活追求的內容是既「單純」又「自然」，那麼，想要以輕鬆的態度過生活，就不會是一件太困難的事了！

我們生活在二十一世紀，不僅知識爆炸、資訊氾濫，而且，個人對價值觀的理念紛歧。不少人墜入渾沌無明的漩渦裡，迷失了自我而猶不自知。

姑不論世代如何更迭，或環境如何變遷，在自我的生命歷程裡，如何能以輕鬆態度過生活，我想，這會是一般人內心的期望。

想要如此，你不能不對自我的內在需求，做一些必要的調整。而前述東坡大師的「簡樸生活」，應是我們可資借鏡、學習的！

手種堂前桃李，無限綠陰青子。簾外百舌兒，驚起五更春睡。居士，居士，莫忘小橋流水。

——蘇東坡〈如夢令・春思〉

附錄

附錄一：作者簡介及相關著作
附錄二：褚林貴教育基金會簡介
附錄三：褚林貴教育基金會出版書籍

附錄一、作者簡介及相關著作

褚宗堯

國立交通大學「管理博士」，國立台灣大學「學士」、「碩士」，國家高等考試「企業管理人員」及格。

國立交通大學管理科學系「退休教授」，華瀚文創科技「創辦人」兼「共同執行長」，安瀚科技「共同創辦人」兼「執行董事」，褚林貴教育基金會「董事長」兼「執行長」。

文學獎：榮獲「第四屆海峽兩岸漂母杯文學獎」（散文組第三名）。〔得獎之作：〈再老，還是母親的小小孩〉（二〇一五年六月）〕。

相關著作

生活散文系列

1. 一天多一點智慧	一九九九年五月	高寶國際書版集團	散文
2. 境隨心轉——悠遊人生的況味	二〇〇〇年六月	高寶國際書版集團	散文
3. 笑納人生——養生、悠閒與精進	二〇〇二年十一月	聯經出版事業公司	散文

母慈子孝系列

1. 話我九五老母——花甲么兒永遠的母親	二〇一二年十一月	褚林貴教育基金會	傳記
2. 母親，慢慢來，我會等您	二〇一四年五月	褚林貴教育基金會	散文
3. 母親，請您慢慢老	二〇一六年五月	褚林貴教育基金會	散文
4. 慈母心・赤子情——念我百歲慈母	二〇一八年二月	褚林貴教育基金會	散文
5. 詩念母親——永不止息	二〇一九年二月	褚林貴教育基金會	詩詞
6. 一個人陪老母旅行——母與子的難忘之旅	二〇二〇年二月	褚林貴教育基金會	小說
7. 母與子心靈小語	二〇二一年二月	褚林貴教育基金會	散文

8. 再老，還是母親的小小孩　二〇二二年二月　褚林貴教育基金會　繪本

9. 詩書畫我母從前　二〇二三年二月　褚林貴教育基金會　詩書畫

10. 卿卿我母——獻給人子者五二則孝母語錄　二〇二四年三月　褚林貴教育基金會　詩詞

雪泥鴻爪系列

1. 雪泥鴻爪——歐遊拾穗　二〇二五年一月　褚林貴教育基金會　詩散文

慧心智語系列

1. 小小智慧，瞰人生　二〇二五年七月　褚林貴教育基金會　散文

專業著作

《經營觀念論集》、《企業概論》、《企業組織與管理》、《現代企業概論》、《金榜之路論集》等。

翻譯著作

《工作評價》（*Job Evaluation*，Douglas L. Bartley 著／林富松、褚宗堯、郭木林 合譯）

《經濟學》（*Economics*，Michael Bradley 著／林富松、褚宗堯 合譯）

附錄二、褚林貴教育基金會簡介

☆關於基金會

母親是「財團法人褚林貴教育基金會」的創辦人暨第一任董事長，本文特將基金會的成立宗旨、使命、方向、及目標，透過在基金會官網、facebook、instagram上之基本資料簡介如後，期能藉此拋磚引玉，呼籲更多慈善的社會人士及機構共襄盛舉，一起投入回饋社會的行列。

名稱：財團法人褚林貴教育基金會

成立時間：二〇一二年一月十八日

聯絡處：30072新竹市東區關新路27號15樓之7

☆基金會概覽

本基金會成立於民國一〇一年一月十八日，由創辦人暨第一任董事長褚林貴女士以及執行長褚宗堯先生共同捐贈出資設立。

基金會成立之宗旨，主要是秉持褚林貴女士慈悲為懷、樂善好施之精神，並以「贊助家境清寒之學子努力向學」，以及提升「家庭教育」與「社會教育」之品質及水準為本基金會發展之三大主軸；此外，並以「弘揚孝道」為重要志業。

創會董事長褚林貴女士生於民國六年，家學淵源，是清末秀才的遺腹女。她的一生充滿著傳奇性，不僅出身寒門，從小失怙，而且，經歷了兩次不同家庭的養女歲月，卻從不怨天也不尤人。及長，嫁給出身地主之家的夫婿，原本家境不錯，可惜年輕的夫婿在南京及上海的兩次經商失敗之後，家道從此中落。

不久，十個子女又先後出生，沉重無比的家計負擔，長期不斷地加諸在她一個弱女子的身上，她卻能夠隨緣認命，咬緊牙關，憑著自己無以倫比的堅強毅力，以及天生的聰慧靈敏，終於振興了褚家的家運。

今天的褚家，雖非達官顯貴之家，但，至少也是個書香門第，是一門對國家及社會有一定貢獻的家族。她的孩子中有博士，有教授，有名師，有作家，有總經理，有董事長等。以褚林貴女士的那個艱困年代，以及她的貧寒出身而言，能夠單憑她的一雙手造就出如此均質的兒女出來，真的不得不佩服她教育子女的成功，以及對子女教育的重視與堅持。

當年，她膝下已兒孫滿堂，而且多數稍具成就。為此，更感念於過去生活之艱辛不易，而亟欲回饋社會。一方面，希望能夠協助需要幫助的弱勢學子，另方面，更思及家庭教育、社會教育、與孝道弘揚之重要功能，實不可忽視，因此，主動成立此教育基金會。

褚林貴女士期望能夠透過本基金會之執行，以實際行動略盡綿薄之力，並藉此拋磚引玉，呼籲更多的社會人士及機構共襄盛舉，一起投入回饋社會的行列。

☆簡介：使命與業務

本基金會秉持褚林貴女士慈悲為懷、樂善好施之精神，除了主動贊助家庭清寒之學子努力向學之外，並以提升家庭教育及社會教育之品質與水準，作為本基金會今後發展的三大主軸；此外，並以「弘揚孝道」為重要志業。

為此，舉凡上述相關之事務、活動的推展，包括書籍或刊物之出版、教育人才之培育及提升、以及孝道之弘揚等，皆為本基金會未來努力之方向及目標。

使命：協助提升新竹市教育品質，以及充實新竹市教育資源。

主要業務：

一、促進家庭教育與社會教育相關事務及活動之推展。

二、協助並贊助家庭教育與社會教育相關人才之培育及提升。

三、出版或贊助與家庭教育及社會教育相關之書籍或刊物。

四、設置清寒獎助學金獎勵及贊助家庭清寒學生努力向學。

五、贊助及推動與家庭教育及社會教育相關之藝文公益活動。

六、弘揚孝道及推廣母慈子孝相關藝文活動之促進。

七、其他與本會創立宗旨有關之公益性教育事務。

☆基本資料

許可證書號：（101）竹市教社字第一〇八號（民國一〇一年一月十八日正式許可）

核准設立號：（101）府教社字第六〇六六號（民國一〇一年一月十八日核准設立）

法院登記完成日：中華民國一〇一年二月一日

基金會類別：教育類　　統一編號：31658509

基金會網址：https://www.chulinkuei.org.tw
Facebook 網址：https://www.facebook.com/chulinkuei
Instagram 網址：https://www.instagram.com/chulinkuei
永久榮譽董事長：褚林貴
董事長兼執行長：褚宗堯
董事兼總幹事暨聯絡人：朱淑芬

☆贊助方式

（若蒙捐贈，請告知：捐款人姓名、地址、電話，以便開立收據）

銀行代號：806（元大銀行——竹科分行）
銀行帳號：00-108-2661129-16

地址：30072新竹市東區關新路27號15樓之7
電話：03-5636988　分機205——朱小姐
傳真：03-5786380
E-mail：foundation.clk@gmail.com

附錄三、褚林貴教育基金會出版書籍

母慈子孝系列

母慈子孝001

《話我九五老母——花甲么兒永遠的母親》

母親一生充滿著傳奇性，不僅出身寒門，從小失怙，且經歷了兩次不同家庭的養女歲月，卻從不怨天也不尤人。及長，雖嫁做貧窮地主之妻，但家道一貧如洗，十個子女先後出生，沉重無比的家計負擔，長期不斷的加諸在她一個弱女子的身上，卻能夠隨緣認命，咬緊牙關，憑著自己無以倫比的堅強毅力，以及天生的聰慧靈敏，終於振興了褚家的家運。

母慈子孝002

《母親，慢慢來，我會等您》

母親！您已年近百歲，雖然偶爾會忘了扣鈕子、戴假牙。吃飯時，也會掉些飯菜、弄髒衣服；梳頭髮時，手還會不停地抖。但，請您放心！我會對您付出更多的溫柔與耐心，也願意花更多的時間，協助您慢慢的用湯匙、用筷子吃東西；幫您穿鞋子、扣鈕子，推輪椅；幫您穿衣服、梳頭髮、與剪指甲。

母慈子孝003
《母親，請您慢慢老》

本書全然以「母愛」及「愛母」為主軸；字裡行間更是舖設著從小到今，我這么兒與百歲老母親之間，那種發乎至情的「孺慕之情」與「牴犢情深」。如果細細品讀，相信你也會感受到幾許母子情深的無限溫馨。

謹以此書呈獻給：我一生的導師以及永遠的母親——褚林貴女士。此書除了作為她百歲華誕的生日獻禮之外，也感謝她老人家，對我一輩子無始無邊以及無怨無悔的生我、鞠我、長我、育我、顧我、度我……，並向她老人家懇切地說聲：

「母親，我永遠愛您！也請您慢慢的老，讓我能夠孝順您更久！」

母慈子孝004
《慈母心・赤子情——念我百歲慈母》

這世上，會為自己母親一連寫下四本書的兒子，應該不多吧？而本書作者即是罕見的例子。

一位排行老九的么兒，在為他世壽百歲老母所寫的第四本書中，更是充滿著令人為之感動及讚嘆的母子情深。

書中的故事不只發生在作者身上，其實也是你的故事與心聲，只是作者幫你寫了出來。

還記得孩提時，母親對你那些點點滴滴的「舐犢情深」嗎？如果，你對母親還有一絲「孺慕之情」的話，那麼，讀了本書你定然也會感動不已！

你我的即時覺醒，就不會讓這社會任其「世風日下，人心不古，孝道黯然」。

母慈子孝005
《詩念母親——永不止息》

母親是個非常有修養的人，從小到大，她的言教與身教深深地影響著我，是我終生敬佩及景仰的上師，更是我的佛菩薩。

一個人能夠活到百歲，除了要有福份，更要身心皆得健康；其實，這很不容易也很辛苦。而我何其有幸，能與母親共處六十五載歲月，直到她高壽百歲辭世。

回想當年，我一直悲痛不捨，難以接受母親辭世的事實，因為，她老人家雖已屆百歲之年，但，她的身心依然體健英發、耳聰目明。

直到母後三年今日，我才真正覺知並感悟到，母親住世百歲的原因之一，是為了陪我走過人生無數甘苦與悲歡，並在身旁教化我、善導我學習與成長。而終究離開了我，是她認為可以放下、該放下了，要讓我自己走，走向性靈的精進與成長。

母親決是我終生無時不眷念的身影，本書我以近五十首現代詩，來發抒我對她老人家無限的緬懷之情，藉著「詩念母親」來「思念母親」——永不止息。

母慈子孝006
《一個人陪老母旅行——母與子的難忘之旅》

你曾經一個人陪老母旅行嗎？一個人哦！沒有其他親人或朋友。

相信很少人有此經驗，而我，就如此幸運；而且，不止一次。

想想那個畫面，一對已過半百的么兒與八十五歲以上的老母親。

再想想：長大後、結婚後，你有多久沒有和母親長時間獨處了？

我必須告訴你，那種感覺既純真、自在，又舒坦。

感謝妻的體諒與支持，欣然成全我，多次讓我一人陪老母去旅行。

藉此，聊表么兒對老母孝心之一二，那是萬金所難買到的。

這些經驗與心得，我寫了下來，抒發么兒對老母永不止息的緬懷。

同時，也願與有緣及有心的讀者們一起分享。

母慈子孝007
《母與子心靈小語》

寫作過程中，對母親永不止息的思念，不斷從記憶金庫裡泉湧，讓我穿梭於時光甬道間，將我與母親倆珍貴的歲月憶往，藉由「心靈小語」為畫筆，描繪出更立體與層次感的情節及場景。

感謝佛菩薩加持，賜給我完成本書及前六本書的機緣與動力，讓我更深入瞭解我百歲仙逝慈母的德行與情操，發現，母親她比我想像中還要偉大、還要令我敬佩。

當我逐段、逐行、逐字修稿及潤稿時，在反覆細細品讀下，愈發感悟：母親對子女的「舐犢情濃」，以及子女對母親的「孺慕情深」，絕對是人間最為可貴的至愛。

這是我的故事，也是你的故事，是每個人一生中必然經歷的事，《母與子心靈小語》只想呼籲大家：行孝要「及時」更要「即時」！

母慈子孝008
《再老，還是母親的小小孩》

這本書，是我為母親寫的第八本書了。

母親膝下五男五女，我是她么兒，我們母子倆是罕見的緣深情重。

母後這些年來，我除經常想念她外，也積極推廣孝道，並以母親事蹟為題材，陸續為她寫了一系列「孝母專書」。

每一本書都是我為報效母恩，並發心弘揚孝道而完成的。

民國一〇四年六月九日，我榮獲「第四屆海峽兩岸漂母杯文學獎」（散文組第三名），得獎之作是《再老，還是母親的小小孩》。

我很慶幸能在她生前，以她為題材榮獲此獎，並將獎狀及獎盃親手呈獻給她，這是我的福氣。

更欣慰的是，今天能以得獎之作為題材，為母親出版一本「繪本書」。

希望藉由圖文並茂方式，更生動表達我對已仙逝老母親，那難捨的孺慕情懷；同時緬懷母親這輩子，她予我的浩瀚母恩及舐犢濃情。

謹此提醒天下為人子女者，莫忘——再老，還是母親的小小孩！

母慈子孝009

《詩書畫我母從前》

這本書，是我為母親寫的第九本書。

我的一生並無特殊成就可言。或許，能以母親事蹟為題材，寫了這些「孝母專書」，算是我最感榮幸的事。

本書的內涵包含了詩、書、畫等三個素材，相信它應該有別於我前幾本書的風格。

我的每一本「孝母專書」的宗旨不外乎：做為慈母的么兒甚感榮幸，並極為珍惜與盡心把握，和母親在世時共處的寶貴時光；而母後，更是永不止息地緬懷慈母的身影。

平凡百姓的我，出版一系列「孝母專書」之目的，既不為名也不為利，只想將這些留傳給子孫，及有緣的讀者們。

願與大家分享多年來我孝順母親的作法與心得，更期盼有更多人來共襄盛舉，一起為弘揚孝道盡份心力！

最後，再次呼籲大家：行孝要「及時」更要「即時」！

母慈子孝010

《卿卿我母——獻給人子者52則孝母語錄》

這本書，是我為母親寫的第十本書。

或許它也會是我在「母慈子孝系列」作品中，暫時畫下的一個休止符。

為了與讀者們分享多年來，我孝順母親的實際作法與心得，本書特別整理出五十二則，以人子的立場對母親所傾訴的孝母語錄。

這「善孝五十二則」語錄，分屬於「行孝十二要」，並歸類為「孝母四事」。如同一年有四季，有十二月份，有五十二星期。依此，便可將人子的行孝大事，細化、分段、逐步落實到每個星期來執行。

亦即，每個星期有一項「善孝要則」，每個月份有一項「行孝要點」，每個季節有一項「孝母要事」。換言之，不同時程會有不同性質的目標待執行。

人子者如果能夠確實依此，有心、用心、盡心地去實踐，相信一年下來，定會有很不錯的成果。倘能如此，則為天下所有母親之福！

最後，再次呼籲大家：行孝要「及時」更要「即時」！

雪泥鴻爪001

《雪泥鴻爪——歐遊拾穗》

「人生到處知何似，應似飛鴻踏雪泥。泥上偶然留指爪，鴻飛那復計東西。」——蘇東坡《和子由澠池懷舊》詩有感此詩而發，我把旅遊相關作品彙整為《雪泥鴻爪系列》，本書針對歐洲部分而寫，故名為《雪泥鴻爪——歐遊拾穗》。

我喜好旅遊，這一生走過的國家，居然也有五十五個國家之多。這是我旅遊相關的第一本作品，也是《雪泥鴻爪系列》的第一本書。

我旅遊時有個習慣，每到一個新地方，總會針對所見所聞，當場將心得以詩詞寫下，藉此捕捉當時靈感，返國後，再將詩詞改寫並豐潤成為散文。

本書先著墨於歐洲部分，主要以民國九十四年參加「卡不里島18天」的行程為主軸，包括奧地利、義大利、荷蘭、德國、瑞士、法國、英國等七個國家。

本書共計二十三篇拾穗，分屬於《奧地利篇》、《義大利篇》、《荷蘭篇》、《德國篇》、《瑞士篇》、《法國篇》、《英國篇》等七篇。

書中每篇詩文皆以「七言六句」自成一格，前二句，主體在於「觸景」，次二句在於「生情」，末二句則在於「感懷」。尤其，藉由末二句，對無常人生與多變生活，發抒一些我個人的感念與心得。

國家圖書館出版品預行編目

小小智慧,瞰人生 / 褚宗堯著. -- 新竹市：財團法人褚林貴教育基金會, 2025.07
面； 公分. -- (慧心智語；1)
ISBN 978-626-98433-1-2(平裝)

1.CST: 人生哲學 2.CST: 生活指導 3.CST: 修身

191.9 114008491

慧心智語 01

小小智慧，瞰人生

作　　者／褚宗堯
出　　版／財團法人褚林貴教育基金會
30072新竹市東區關新路27號15樓之7
電話：+886-3-5636988
傳真：+886-3-5786380
製作銷售／秀威資訊科技股份有限公司
114 台北市內湖區瑞光路76巷69號2樓
電話：+886-2-2796-3638
傳真：+886-2-2796-1377
網路訂購／秀威書店：https://store.showwe.tw
博客來網路書店：https://www.books.com.tw
三民網路書店：https://www.m.sanmin.com.tw
讀冊生活：https://www.taaze.tw

出版日期／2025年7月
定　　價／300元